Genre et développement en République du Congo

Danièle Sassou Nguesso

Genre et développement en République du Congo

Promouvoir l'égalité homme-femme au profit de la croissance

Préface de Michel Courcelles

L'Harmattan
Congo-Brazzaville

5-7, rue de l'Ecole-Polytechnique, 75005 Paris

http://www.harmattan.fr
diffusion.harmattan@wanadoo.fr

ISBN : 978-2-343-10279-5
EAN : 9782343102795

« Les femmes accomplissent 66 % du travail mondial, produisent 50 % de la nourriture, mais ne perçoivent que 10 % des revenus et détiennent 1 % de la propriété. »

UNICEF - 2007

SOUNGA®

Remerciements

À ma mère qui, très tôt, m'a fait comprendre que « le premier mari d'une femme, c'est son travail ». Maman, je n'oublie pas tes mots !

À mon père qui a toujours su offrir les mêmes opportunités aux garçons et aux filles au sein de sa famille.

À mon époux, également entrepreneur social dans l'âme, qui m'encourage au développement de mes activités professionnelles et qui m'accompagne dans mon parcours d'entrepreneure sociale. Denis Christel, je te rends une fois de plus, ici, un hommage appuyé.

À mes enfants, que j'invite à s'imprégner de cette valeur d'égalité de genre afin de devenir des acteurs de premier rang dans la construction de sociétés équitables.

À mes frères, que j'encourage dans leurs efforts en faveur de l'épanouissement social de leurs épouses et de la promotion d'une éducation sensible au genre pour leurs enfants.

À mes sœurs, femmes d'aujourd'hui à qui je souhaite d'être les femmes de demain... DES FEMMES SOUNGA.

« L'amélioration de la condition de la femme a longtemps été aux antipodes de mon parcours personnel et professionnel. En effet, mon éducation, ma formation académique d'opticienne ou encore mes initiatives dans l'entreprenariat ne me prédisposaient pas à un engagement aussi fervent pour cette cause. C'est cependant une autre réalité, où des entraves se sont érigées en rempart autour des différents projets que j'ai pu mener, impulsés tant par la gent masculine que féminine, je sortais du rôle qui m'avait été socialement assigné. En République du Congo, une femme s'accomplit socialement au travers de sa dimension d'épouse, puis de mère. Nous sommes d'ailleurs, en tant que femmes, interpellées par le prénom de notre premier enfant, réduites ainsi à une place secondaire dont la responsabilité première se réduit au carcan de la reproduction. Une femme ne s'appartient donc jamais, embrassant le nom de son époux lorsqu'elle abandonne celui de son père, pour se consacrer à l'éducation de ses enfants. La femme est ainsi devenue une « divergente » dont la classification au sein d'une strate sociale reste complexe. C'est donc mon expérience personnelle dans son ensemble qui m'a naturellement amenée à m'intéresser au sort des filles et des femmes congolaises. Si elles sont nombreuses dans les cours de recréation des écoles primaires, peu sont celles qui accèdent à des études supérieures, par manque d'indépendance financière scellant ainsi leur destin en étant reléguées à des fonctions professionnelles comparses. Cette réalité, aussi rude soit-elle, rappelle qu'aucune femme n'est à l'écart de cette symétrie du genre. Qu'elle soit issue d'un environnement rural ou citadin, lettrée ou analphabète, active ou femme au foyer, elle subit de facto une assignation sociale qui limite le champ des possibles.

Ce constat m'a conduit à observer de plus près la situation au-delà des frontières congolaises, plus particulière-

ment en Afrique centrale. Nombreuses sont les similitudes que partagent les différents pays de la région, notamment ceux à culture commune bantu. La femme congolaise se démarque toutefois par sa particularité, laissant transparaître le sentiment de s'être approprié cette situation d'infériorité sociale. Aux violences conjugales, fréquentes ou presque légitimes, véritable problématique majeure de santé publique, s'ajouté la lourdeur des rites ancestraux ayant traversé les âges et n'ayant plus leur place au sein d'une société moderne.

Ce travail m'a permis de constater à quel point cette situation est structurellement et rationnellement entretenue et, sans prétention aucune de ma part, j'ai souhaité m'impliquer en faveur de ces femmes, ce qui m'a conduit à créer en 2015 la Fondation SOUNGA.

Je réitère ma gratitude à l'égard de toutes les personnes qui m'ont encouragée et soutenue dans la rédaction de ce livre et dans l'aboutissement de ce projet. L parité et l'égalité sont un idéal qu'il faut s'atteler à construire au quotidien, afin de franchir un cap qui permettra à cette ambition de s'inscrire de manière pérenne et d'ouvrir un nouvel horizon au développement social. »

Danièle Sassou Nguesso

Sigles et abréviations

BAD : Banque africaine de développement

CDF : *Comprehensive Development Framework*

CDI : Cadre de développement intégré

CEFFA : Centre international pour l'éducation des filles et des femmes en Afrique

CEDAW : *Committee on the Elimination of Discrimination Against Women*

CNSEE : Centre national de la statistique et des études économiques

CRIDF: Centre de recherche, d'information et de documentation sur la femme

CSLP : Cadres stratégiques de lutte contre la pauvreté

DSCERP : Document de stratégie pour la croissance et la réduction de la pauvreté

DSRP : Document de stratégie de réduction de la pauvreté

ECOM : Enquête congolaise auprès des ménages

EDS : Enquête démographique et de santé

EESIC : Enquête sur l'emploi et le secteur informel du Congo

ENAM : École nationale d'administration et de magistrature

FCFA : Franc de la coopération financière en Afrique centrale

FDF : Fonds de développement des femmes

FED : Femme et développement

FIDH : Fédération internationale des ligues des droits de l'Homme

FMI : Fonds monétaire international

GED : Genre et développement

IFD : Intégration de la femme au développement

INS : Institut national de la statistique

OCDE : Organisation de coopération et de développement économique

OMD : Objectifs du millénaire pour le développement

OMS : Organisation mondiale de la santé

ONG : Organisation non gouvernementale

PND : Plan national de développement

PNG : Politique nationale du genre

PNUD : Programme des Nations Unies pour le développement

PTF : Partenaire technique et financier

QUIBB : Questionnaire des indicateurs de base du bien-être

SNDE : Société nationale de développement des eaux

TCP : Travailleur pour compte propre

TNS : Taux net de scolarité

UA : Union africaine

UNICEF : Fonds des Nations Unies pour l'enfance

UMNG : Université Marien Ngouabi

VIH-SIDA : Virus de l'immunodéficience humaine/Syndrome de l'immunodéficience acquise

Préface

La parité hommes-femmes est une préoccupation majeure dans tous les pays du monde. Si aujourd'hui, dans les pays européens, le principe de l'égalité des droits, après bien des combats, n'apparaît plus dans la plupart des domaines comme une urgence, une question vient relancer le combat pour la parité. Après la « grande récession » de ces dernières années, l'argument économique de la parité reprend de l'importance. Comment faire en sorte de favoriser l'accès au travail des femmes autant que des hommes ? Un partage équitable de l'accès au travail, qu'il soit ou non rémunéré, entre les hommes et les femmes, implique des évolutions des attitudes, des mentalités, des cultures comme des normes. Or, les évolutions prennent du temps, en Europe aussi.

On pourrait s'attendre à des évolutions encore plus lentes sur le continent africain compte tenu de l'importance des traditions. Or, l'exemple de la République du Congo semble bien démontrer un phénomène d'accélération des évolutions qui est rendu possible par la montée en puissance de la société civile en général, dont les organisations se comportent en partenaires crédibles des autorités. Ce fut d'abord le cas, en Afrique, des entrepreneurs du secteur privé avec les « Réseaux de l'entreprise » en Afrique de l'Ouest, puis en Afrique australe et du centre, qui ont su développer une analyse de l'environnement des affaires et développer un plaidoyer qui s'est révélé efficace et efficient. C'est également le cas des associations d'exploitation agricole familiales en Afrique de l'Ouest et plus particulièrement au Sénégal qui sont parvenues, en 1997, à convaincre le Président Abdou Diouf de corriger les effets les plus nuisibles des plans d'ajustement structurels et de lancer une politique agricole où les entrepreneurs du monde rural sont reconnus, encore aujourd'hui, comme des partenaires.

En République du Congo, dans un domaine très sensible, celui de la parité hommes-femmes, les organisations des femmes, en particulier la Fondation SOUNGA, parviennent à des résultats au moins comparables. Il est frappant, à titre d'exemple, de constater tout simplement que le chef de l'État, à la suite de sa réélection, en 2016, n'a pas hésité à doubler le nombre de postes ministériels confiés à des femmes. Une telle augmentation ne faisait pas partie des priorités exprimées par la Fondation ni par les autres organisations des femmes au Congo. Le chef de l'État a été convaincu.

La Fondation a fait preuve de son professionnalisme en posant correctement les problèmes sur la base d'un travail d'analyse argumenté au lieu, comme c'est souvent le cas, de trouver des problèmes à des solutions toutes faites. Ces analyses ont été mises à l'épreuve des femmes réunies en groupes d'expression. Toutes se sont largement exprimées, sans crainte, en personnes responsables et leur participation est un gage de crédibilité du présent travail. Au-delà d'une analyse documentaire complète, l'expression de ces témoignages met en lumière les obstacles qu'il faut encore franchir.

Le travail de communication entamé par la Fondation doit se poursuivre sans relâche et être relayé par toutes les bonnes volontés. Il faut veiller à conserver un esprit de partenariat avec les autorités afin de parvenir à des avancées qui elles-mêmes devront faire l'objet d'un suivi attentif et régulier, développer les échanges, donner la parole aux femmes congolaises des villes comme des campagnes et balayer, autant que possible, les stéréotypes.

La tâche est ardue lorsqu'il s'agit d'un sujet aussi sensible que celui de l'égalité hommes-femmes. Elle requiert un engagement, une honnêteté sans faille en plus d'une rigueur professionnelle indiscutable. Nul doute que les membres fondateurs et les animateurs de la Fondation SOUNGA, en particulier sa présidente, ont ces qualités, gage de succès, comme l'illustre le présent ouvrage.

Michel COURCELLES
Sciences Po Paris, professeur associé

Avant-propos

L'initiative de la publication d'un ouvrage portant sur le « Genre et développement en République du Congo » découle d'un intérêt croissant pour les relations homme-femme. Ceci m'a conduit à observer ces relations tout au long de mon parcours académique et professionnel. Plus que le premier, mon parcours professionnel a été fondamental pour structurer mon avis sur la thématique du genre. Cette proximité m'a permis d'observer les mécanismes et d'identifier les déterminants, souvent complexes, des politiques publiques relatives à ce thème. J'ai également pu observer la question du genre en amont, « du point de vue des décideurs » et, en aval, « auprès des bénéficiaires (les femmes)». Cette double approche *top-down* et *bottom-up* me semblait indispensable pour approcher, au mieux, la complexe réalité qu'est la relation de genre. Il en est ressorti un certain nombre d'idées qu'il me semble utile de partager à travers ce travail.

Avant de rendre compte de ces recommandations, il me semble opportun de dire un mot sur les femmes dont il est question dans cet ouvrage. Celles avec lesquelles nous avons travaillé vivent aussi bien en zones urbaines que rurales. Ces Congolaises actives dans le secteur formel ou informel, scolarisées ou pas, se sont prêtées au jeu de nos questions, quel que soit le secteur d'activité ou la position occupée dans la hiérarchie de leur organisation. À ce titre, j'ai une attention particulière pour ces femmes des zones rurales qui s'attèlent, dans leur grande majorité, aux rudes travaux champêtres du lever au coucher du soleil. Une fois cette première étape de la journée achevée, il en commence une autre : celle du foyer, où elles ont la charge de nourrir leurs enfants, de s'occuper de leurs époux, de chercher du bois de chauffe ou encore d'approvisionner leur domicile en eau. Ces efforts – rarement reconnus à leur juste valeur – forcent le respect, conciliant des obligations en dehors et au sein du foyer, constituant une charge énorme.

Les différentes observations que j'ai effectuées, tant en milieu urbain que rural, m'ont permis de réaliser que les femmes congolaises sont maintenues – ou se maintiennent elles-mêmes – en marge des leviers du développement. L'expression « leviers du développement » renvoie aux entités socio-économiques finalisées de premier rang telles que les ménages, les entreprises ou l'administration publique. La place inférieure ainsi concédée à la femme se traduit notamment par le fait que l'homme occupe à la fois : des postes de responsabilité dans la vie publique et exerce également le rôle de chef de famille dans la vie privée. Comment s'impose cette supériorité – supposée naturelle – des hommes quand on sait que notre pays dispose d'un arsenal juridique favorable à l'égalité des deux sexes depuis notre indépendance ? C'est d'ailleurs cet équilibre que réitère l'article 17 de notre constitution du 6 novembre 2015, qui dispose que « *la femme a les mêmes droits que l'homme (...)* ».

Si le respect de l'égalité hommes-femmes est une nécessité juridique longtemps considérée comme une lubie féministe, il se trouve que la parité est indispensable pour notre pays tant son incidence sur le développement est importante. En effet, l'enjeu est : l'intégration à notre commun effort de développement de plus de la moitié du potentiel productif du Congo constitué de femmes qui représentent plus de 51 % de notre population.

Le XXIe siècle a vu l'ensemble des économies mondiales traverser de fortes turbulences, auxquelles même les plus robustes n'ont pu résister. Dans ce contexte, il a paru évident de réfléchir à un nouveau modèle économique, dont la promotion favoriserait la croissance tout en réduisant les inégalités sociales, à l'instar de celles persistant entre les hommes et les femmes. La nécessité d'une telle démarche est en partie liée au devoir de transmettre, aux générations d'aujourd'hui et de demain, les règles et les normes nécessaires au développement inclusif. Ce dernier recèle l'atout d'impliquer toutes les catégories de la population au processus de développement. Ainsi conçu, il remet en cause les arguties prétendument rationnelles régulièrement invoquées pour justifier la supériorité de l'homme sur la femme.

J'ai décidé de créer la Fondation SOUNGA en 2015 avec pour ambition de donner une dimension formelle et mieux structurée à mes activités d'entrepreneure sociale. La vocation de cette Fondation est d'accompagner les femmes congolaises dans leur marche vers l'égalité. Ce projet ambitionne de mettre un terme à la précarité sociale que subissent les femmes congolaises. Y parvenir nécessite que les pouvoirs publics et les acteurs privés soient informés des injustices et des violences que subissent régulièrement les femmes. Améliorer la condition de la Congolaise revient à travailler au développement de notre pays. Face à ce double défi, économique et social, chaque initiative est à prendre en compte !

Outre l'intermédiation avec les responsables du secteur public et des entreprises, les objectifs que s'est assignés la Fondation SOUNGA nécessitent que des travaux de recherche soient régulièrement menés, visant à garantir une certaine objectivité des points de vue défendus en ce qui concerne les filles et les femmes congolaises. Cette publication est donc la première d'une série d'études à venir, visant à promouvoir la parité hommes-femmes en République du Congo. Chaque femme qui s'approprie cette ambition, en prenant la mesure des enjeux contemporains du développement au Congo, n'est autre qu'une FEMME SOUNGA au fait des défis, des forces et des changements actuels et à venir du pays. Debout aujourd'hui, elle est la FEMME DE DEMAIN, réhabilitée et reconnue dans toutes ses dimensions, et sur laquelle le Congo devra compter au même titre que sur l'homme !

Danièle SASSOU NGUESSO

Introduction

1- Contexte et justification

L'analyse des « *rôles sexués* »[1] a permis, dès la fin des années 1940, de révéler le rôle marginal des femmes dans de nombreux pays. À cette position inférieure concédée aux femmes est assortie une domination des hommes que l'on rencontre dans la quasi-totalité des sphères sociales.

Cette problématique a donné lieu à une production d'idées visant à instaurer un meilleur équilibre des rôles socioéconomiques assignés aux individus de sexe différent au sein d'une même société. Dans ce cadre, les réflexions et les travaux « *féministes* » en provenance des pays du Nord et du Sud, convergent vers une logique de « *valorisation* » des femmes et de construction de l'égalité entre les hommes et les femmes. Ces travaux se sont structurés autour d'approches majeures telles que : « *Intégration de la femme au développement* » (IFD), « *Femme et développement* » (FED) et « *Genre et développement* » (GED).

Une recherche itérative et de long terme

L'approche IFD est apparue dans le cadre de la « décennie pour les femmes » qui va de 1976 à 1985, qui a

[1] Margaret Mead, *L'un et l'autre sexe. Les rôles d'homme et de femme dans la société*, Paris, Denoël-Gonthier. Trad. de *Male and Female* par Claudia Ancelot et Henriette Etienne, 1966.

été proclamée par les Nations Unies[2] afin de promouvoir la participation des femmes dans les processus de développement. Contrairement à l'IFD, l'approche FED visait à mettre davantage l'accent sur le secteur de la production par-delà les analyses des rapports inégaux fondés sur le sexe. Dans cette analyse, la mise en valeur de la contribution des femmes est perçue comme un élément de modernisation économique et sociale. Quant à la GED[3] apparue à la fin des années 1980, elle s'inscrit résolument dans le sillage du développement humain. En 1995, la Conférence de Pékin sur le statut des femmes[4] a communiqué sur cette approche, en soulignant qu'il s'agit de répondre aux besoins spécifiques et différents de chaque sexe, aspirant à une autonomisation *(empowerment)* des femmes tout en prenant en compte les inégalités familiales et sociales.

Il est important de constater qu'entre l'approche IFD et l'approche GED, plus récente, les démarches conceptuelles ont considérablement progressé, s'affranchissant de tout *« déterminisme biologique »*[5] pour adopter un concept plus *« culturaliste »*[6]. À cet effet, il est important de souli-

---

[2] Résolutions adoptées sur les rapports de la troisième commission de l'ONU, 2441e séance plénière du 15 décembre 1975.

[3] UNDP, *Gender Equality*, Practice Note, 2002.

[4] Déclaration et programme d'action de *Beijing*, adoptés à la 16e séance plénière le 15 septembre 1995.

[5] Le déterminisme biologique est un modèle théorique scientiste selon lequel les conditions naturelles et organiques de la vie et de son évolution (gènes, hormones, neurotransmetteurs, lois *néo-darwiniennes*) sont la base de la réalité physique et spirituelle de l'homme et de la société.

[6] Le culturalisme est un courant de l'anthropologie, et plus globalement des sciences sociales, né aux États-Unis sous l'impulsion principale de Ruth Benedict, Ralph Linton, Abram Kardiner, Margaret Mead et Cora Du Bois. Il tente une description de la société sous les points de vue conjugués de l'anthropologie et de la psychanalyse.

gner que les *« femmes »*, en tant que groupe spécifique, se trouvent au centre des analyses fondées sur les approches IFD et FED, tandis que la méthode GED s'intéresse davantage aux rapports de pouvoir par l'observation des institutions et des pratiques. Ainsi, la prise en compte des rapports de genre ne peut être efficace que si l'analyse inclut d'autres facteurs tels que l'appartenance à une communauté, une caste, un groupe « ethnique », une classe sociale, une religion, un statut matrimonial, une activité formelle et/ou informelle, une classe d'âge ou encore à une situation de handicap…[7]

Des inégalités persistantes soulignées par la Banque Mondiale

Les études menées par les experts de la Banque Mondiale ont permis de révéler, dès 2001[8] le niveau de croissance considérable auquel l'Afrique peut parvenir si les inégalités de genre y étaient réduites. En effet, différentes études de cas, menées dans certains pays du continent (Tanzanie, Burkina Faso, Kenya et Zambie), démontrent que *« l'inégalité des sexes agit comme une contrainte contre la croissance et la réduction de la pauvreté »* (cf. Blackden et Bhanu, 1999).

L'approche culturaliste perçoit l'infériorité de la femme dans la société comme étant une production de la culture.

[7] Association Adéquations, Fiche 2 : « De l'approche "femmes dans le développement" à "genre et développement" » (http://www.adequations.org/spip.php?article1219).

[8] *Development Outreach*, vol. 3, N° 2, printemps 2001, Institut de la Banque Mondiale. Groupe de la Banque africaine de développement, *Rapport sur l'indice de l'égalité du genre en Afrique*, 2015

Les analyses portant sur le genre et le développement en Afrique dressent un constat similaire[9]. L'inégalité qui caractérise la position sociale de l'homme et de la femme se traduit principalement par un accès inéquitable aux biens rares tels que le pouvoir et les ressources économiques qui constituent des atouts grâce auxquels les femmes pourraient renforcer leur *« capital humain et social »*[10].

Cette réalité est révélée dans divers travaux de la Banque Mondiale[11] portant notamment sur les inégalités sociales en Afrique. De la somme intéressante que représente cette production intellectuelle, quelques idées relatives au genre méritent d'être signalées :

- les femmes paysannes ne perçoivent que 1 % de l'ensemble des crédits alloués à l'agriculture ;
- les femmes ont beaucoup moins de chance que les hommes de contrôler le fruit de leur labeur. Il en découle qu'elles sont freinées dans la quête d'activités génératrices de revenus ;
- les femmes africaines parcourent en moyenne 26 000 kilomètres par an, contre moins de 7 000 kilomètres pour les hommes[12].

---

[9] Groupe de la Banque africaine de développement, *Rapport sur l'indice de l'égalité de genre en Afrique, 2015.*

[10] « Le capital humain constitue un bien immatériel qui peut faire progresser ou soutenir la productivité, l'innovation et l'employabilité ». *L'investissement dans le capital humain,* OCDE, 1998 *; du bien-être des nations, le rôle du capital humain et social,* OCDE, 2001.

[11] « Développement humain et macroéconomie », *Findings*, n° 197 de décembre 2001.

[12] Ces mêmes enquêtes ont notamment été menées au Burkina Faso, en Ouganda et en Zambie

Une asymétrie du genre toujours fortement perceptible

Selon la Banque Mondiale, les femmes représentent plus de la moitié du potentiel productif et de la force de travail du continent. Elles consacrent également beaucoup plus de temps au travail que les hommes. En effet, certaines de leurs journées sont parfois 50 % plus longues que celles des hommes, car leur activité professionnelle est souvent étroitement liée au système de production de leur ménage. Ce qui précède traduit une *relation asymétrique de genre.* Celle-ci peut se définir comme « le déséquilibre des systèmes de production et de répartition des ressources sociales, fondé sur les différences non biologiques des hommes et des femmes qui participent à ces systèmes. »

Afin d'aboutir à une réelle parité, plusieurs pays africains, à l'instar des initiatives prises par d'autres États[13], multiplient les initiatives pour améliorer la condition de la femme. Pour ce faire, ils s'appuient en général sur des leviers réglementaires et juridiques afin d'abolir le statut de « mineures juridiques » encore attribué aux femmes adultes dans certains pays. En dépit de la pertinence du *corpus* juridique qui instaure l'égalité entre les sexes, les femmes ne bénéficient pas toujours automatiquement des mêmes droits que les hommes. Elles continuent à subir des discriminations héritées des coutumes et des « traditions »[14].

---

[13] OCDE, *Lignes directrices du CAD pour l'égalité hommes-femmes et le renforcement du pouvoir des femmes dans le cadre de la coopération pour le développement*, 1998.
[14] Politique Nationale Genre 2008 du Gouvernement du Congo.

Progrès et défis liés au genre au Congo

Au lendemain de son accession à la souveraineté nationale en 1960, la République du Congo a érigé les fondements d'une société égalitaire en accordant notamment les mêmes droits à tous les citoyens. Cette volonté s'est progressivement accrue en ce qui concerne l'égalité des sexes comme le montrent les différents textes juridiques émis par l'État, notamment à partir de la fin des années 1970. La Constitution de 1979 est la première à reconnaître cette égalité homme-femme comme le rappellent ses articles 11 et 12. Les Constitutions du 20 janvier 2002 et du 6 novembre 2015 s'inscrivent dans ce sillage, car il y est réaffirmé la volonté ferme de l'État d'appliquer le principe d'égalité juridique de l'homme et de la femme.

Les textes pris au niveau national sont fortement inspirés par les conventions internationales concernant les droits des femmes. En effet, la République du Congo a ratifié la *Convention sur l'élimination de toutes les formes de discrimination à l'égard des femmes (CEDAW)* en 1982. En 2007, elle a également ratifié le Protocole de Maputo, quant à la *Charte africaine des droits de l'Homme et des peuples, relatif aux droits des femmes en Afrique*.

En dépit de l'existence de ces textes, l'observation de certains faits sociaux au Congo démontre que la femme demeure reléguée à une position de *« cadette sociale »*. En effet, l'un des moments de la vie qui symbolise de façon éloquente cette supériorité sociale de l'homme sur la femme est visible au moment du *« mariage coutumier »*. De façon générale au sein des communautés locales, cette cérémonie est considérée comme une transaction symbolique entre *« aînés sociaux »*, scellant l'union de deux familles. À travers cette démarche, les parents permettent à la jeune fille d'accéder au statut de *« Femme »* non seulement de son prétendant, mais symboliquement du groupe *« ethnique »* auquel il appartient. Si celle-ci sort *« socialement grandie »* de cet accord qui s'opère par l'échange de biens rares ou d'une dot, elle reste néanmoins perçue comme *« la possession »* de la famille de son époux. Elle est ainsi dépourvue de toute autonomie et cesse par conséquent d'avoir tout droit sur sa propre personne[15].

« En somme, cette réflexion qui porte sur la relation de genre et développement au Congo s'opère dans un contexte socioéconomique où les femmes sont en marge du développement. »[16]

2- Problématique de l'étude

En dépit d'une croissance économique stable, les conditions de vie des populations congolaises ne semblent pas s'être améliorées[17]. Selon le FMI, le taux de croissance oscillait autour de 5 % au cours des cinq dernières années (2010-2015), grâce à une augmentation des dépenses publiques principalement financées par les recettes pétrolières. Des réformes socioéconomiques de grande ampleur ont été conduites sur toute l'étendue du territoire, mais à l'instar de ses voisins de la sous-région d'Afrique centrale, le pays continue d'accuser un certain retard, notamment du point de vue des infrastructures. L'enquête réalisée

[15] G. Balandier, *Le problème de la dot et l'organisation familiale*, office de la recherche scientifique d'outre-mer, cote de classement n° 567

[16] MFAC, livre blanc portant sur l'amélioration de la condition de la femme congolaise.

[17] Rapport du FMI n° 15/263 sur le Congo.

auprès des ménages en 2011 permet d'observer des progrès limités dans la réduction de la pauvreté et des inégalités (cf. ECOM, 2011). Les inégalités sociales au Congo peuvent s'appréhender selon trois perspectives : temporelle, spatiale et au niveau des acteurs impliqués dans la conception et la mise en œuvre des politiques de développement.

D'un point de vue temporel, les inégalités sociales peuvent s'apprécier au niveau des contributions générationnelles asymétriques en matière de développement. À cet effet, l'observation de la pyramide des âges du Congo reflète un déséquilibre très marqué entre les différentes tranches d'âges et la contribution des *actifs occupés*[18] à la croissance économique. En effet, selon une enquête nationale menée en 2011[19], la population congolaise demeure très jeune. Les individus de moins de 15 ans représentent 45 % de son ensemble. Quel que soit le sexe, 88,7 % de la jeune génération soit la tranche d'âges comprise entre 15 et 29 ans est la plus impactée par la recherche d'un premier emploi.

« La génération la plus jeune, la plus nombreuse au Congo, joue encore un rôle marginal dans la conduite des actions de développement du pays. »

---

[18] La population active occupée « au sens du BIT » comprend les personnes (âgées de 15 ans ou plus) ayant travaillé (ne serait-ce qu'une heure) au cours d'une semaine donnée (appelée semaine de référence), qu'elles soient salariées, à leur compte, employeurs ou aides dans l'entreprise ou l'exploitation familiale. Elle comprend aussi les personnes pourvues d'un emploi, mais qui en sont temporairement absentes pour un motif tel qu'une maladie (moins d'un an), des congés payés, un congé de maternité, un conflit du travail, une formation, une intempérie... Les militaires du contingent, les apprentis et les stagiaires rémunérés font partie de la population active occupée.

[19] CNSEE, Enquête congolaise auprès des ménages (ECOM), 2011.

D'un point de vue spatial, les inégalités sociales varient en fonction du lieu de résidence qu'il soit urbain ou rural. À titre d'exemple, en 2011, les *« Travailleurs pour compte propre »*[20] *(TCP)*, agricoles et non agricoles, constituaient la catégorie socioprofessionnelle la plus représentative de tous les actifs occupés avec une proportion de 62,9 % alors que ces derniers représentaient plus de 83,2 % des emplois en milieu rural, contre seulement 49,5 % en milieu urbain. La raison de cet état de fait est qu'il est plus facile d'accéder à un emploi en milieu urbain, où l'on trouve davantage d'industries et de services qu'en zone rurale.

*« **Les actifs occupés les plus nombreux résident en milieu rural et bénéficient ainsi, dans une moindre proportion, des retombées de la croissance tant du point de vue des infrastructures que de l'accès aux services administratifs.** »*

Enfin, du point de vue des acteurs impliqués dans la formulation et la mise en œuvre des politiques de développement, il est possible de corréler la relation asymétrique selon le genre (masculin ou féminin), au potentiel respectif de chacun d'entre eux dans la dynamique de la croissance. L'ECOM 2011 indique, à cet effet, que les actifs occupés de sexe masculin représentent 61,4 % de la population active, tandis que les femmes sont de 54,8 %. Ce chiffre est pour le moins paradoxal quand on sait que les femmes sont numériquement plus nombreuses et représentent plus de 51 % de la population congolaise. De plus, les préjugés et les pratiques socioculturelles locales confinent davantage les femmes congolaises, pourtant plus

[20] L'une des catégories socioprofessionnelles utilisées par le CNSEE dans le cadre des enquêtes réalisées auprès des ménages congolais (ECOM) pour désigner les actifs occupés qui travaillent pour leur propre compte.

nombreuses, dans un rôle subalterne. Celles-ci sont maintenues, ou se maintiennent elles-mêmes souvent, loin des leviers significatifs de transformation du pays.

Le genre comme enjeu du développement inclusif

Les inégalités sociales affectent davantage les femmes que les hommes. Ces différences constituent un frein du point de vue du développement. Les jeunes filles (soit environ 54 % des jeunes de 15 à 29 ans) sont les premières victimes des relations asymétriques générationnelles notamment lors de l'accès au premier emploi. En effet, les femmes représentent à elles seules 2/3 des demandeurs d'emploi. Elles représentent 55,9 % de la catégorie socio-professionnelle des TCP, selon les données de l'EESIC 2011 et sont victimes d'une inégalité d'accès à l'emploi qui, comme on l'a vu, touche davantage les personnes vivant dans les zones rurales que celles en milieux urbains. Pourtant, comme l'a souligné le FMI[21], le développement du Congo à l'instar des autres pays du continent dépend essentiellement de ses efforts de réduction durable et en profondeur des inégalités sociales. Envisager le *développement inclusif* dans un tel contexte revient à impliquer de façon égale toutes les composantes de la société, quels que soient la génération, le lieu de résidence ou le genre.

[21] Rapport des services du FMI n° 15/263 sur les consultations de 2015 au titre de l'article 4 ; communiqué de presse pour la République du Congo.

Les *« quatre nœuds de développement »*, une méthodologie déployée par la Banque Mondiale, favorable à la parité de genre

En vue de favoriser le développement des pays africains, la Banque Mondiale a émis un paradigme au début des années 2000. Cette nouvelle approche constituée de quatre *nœuds de développement* (présentés aussi comme les *« nœuds »* de l'émergence) induit :

- le renforcement du capital humain en Afrique ;
- l'amélioration de la gouvernance des affaires publiques et la prévention contre les conflits ;
- l'accroissement de la compétitivité et la diversification des économies ;
- la réduction de la dépendance à l'égard de l'aide au développement et le renforcement des partenariats.

La Banque Mondiale et les autres organisations internationales[22], qui interviennent dans les politiques de développement, considèrent que le respect des quatre nœuds susmentionnés permettra un développement soutenu ainsi que la réduction significative de la pauvreté. Outre les objectifs qui précèdent, comment est-il possible de parvenir à réduire efficacement les inégalités sociales au Congo ? Se poser cette question du point de vue du genre revient à examiner la possibilité de conciliation du développement et l'égalité des sexes ou encore à examiner la corrélation existant entre le développement et la parité de genre.

---

[22] Le rapport de la Banque Mondiale a impliqué diverses institutions, notamment la Banque africaine de développement, le Consortium pour la recherche économique en Afrique, la Coalition mondiale pour l'Afrique, la Commission économique des Nations Unies pour l'Afrique.

Peut-on renforcer le caractère inclusif des politiques de développement de manière générale, ou celles reposant spécifiquement sur ce modèle, en réduisant les inégalités sociales fondées sur le genre ?

Il est utile de se poser cette question quand on sait que, depuis plus d'une décennie, le modèle présenté ci-dessus est considéré comme une avancée majeure dans la lutte contre le sous-développement tel que l'atteste le *« Cadre de développement intégré »* (CDI)[23]. Depuis 2002[24], ce document structure la formulation des *« Cadres stratégiques de lutte contre la pauvreté »* (CSLP), ainsi que des différentes générations du *« Document de stratégie de réduction de la pauvreté »* (DSRP), utilisés dans de nombreux pays d'Afrique subsaharienne. Il convient de préciser que ce DSRP est un instrument fondamental pour que les pays accèdent à l'aide au développement.

Le Congo s'est approprié les conditions relatives d'accès à l'aide au développement formulées par la Banque Mondiale.

Le Plan national de développement (PND) 2012-2016[25] du Congo a fondé, à quelques variantes près, sa démarche

---

[23] En anglais, il s'agit du « *Comprehensive development framework* » (CDF).

[24] Dans le rapport préparé pour la conférence des Nations Unies sur le financement du développement, organisée à Monterrey début 2002, la Banque Mondiale écrit : « Une leçon tirée de l'expérience passée est que la réforme ne réussit généralement pas sans une forte appropriation locale et une approche large, qui inclut la prise en compte des institutions, la gouvernance et la participation des acteurs – une leçon qui constitue le moteur du processus des Documents Stratégiques de Réduction de la Pauvreté (DSRP) ». (Banque Mondiale, 2002, p. 46).

[25] La loi n° 16-2012 du 25 juillet 2012 portant approbation du Plan national de développement 2012-2016.

stratégique sur le cadre conceptuel proposé par la Banque Mondiale. Le *« Document de stratégie pour la croissance et la réduction de la pauvreté »* (DSCERP), constituant le Livre 1 du PND 2012 -2016 du Congo, illustre parfaitement l'appropriation par les autorités congolaises du modèle promu par la Banque Mondiale, tout comme le présente la figure 1 ci-contre.

Figure 1 : Similitude entre les « nœuds de l'émergence » de l'Afrique et les nœuds du DSCERP du Congo

Les « nœuds » de l'émergence de l'Afrique au 21e siècle

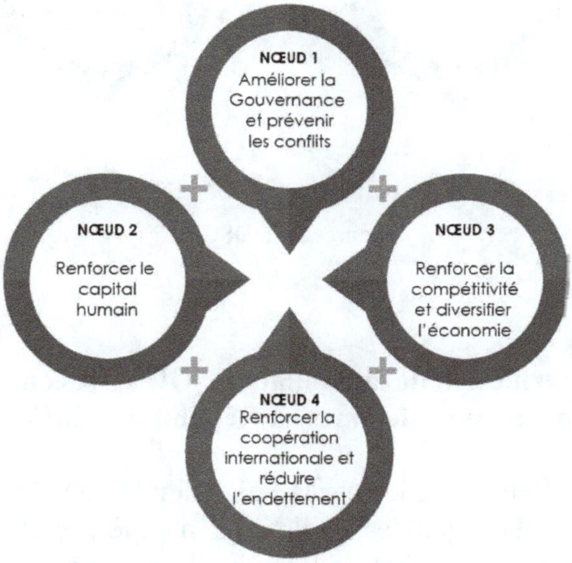

Source : L'Afrique peut-elle conquérir le 21e siècle ?
(Banque Mondiale, 2000)

Les « Nœuds » du DSCERP du Congo

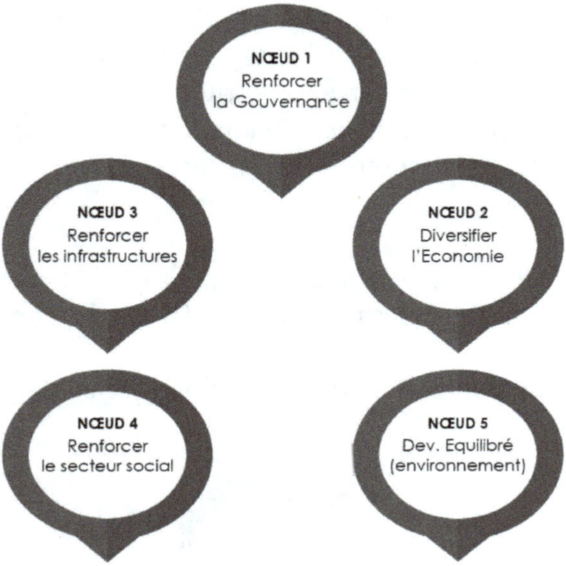

Source : ST/DSCERP

La contribution de la Fondation SOUNGA concernant l'égalité hommes-femmes en République du Congo

Cette étude menée par la Fondation SOUNGA se structure en deux grandes parties. La première porte sur une présentation de l'état de l'égalité de genre en République du Congo grâce à une analyse des données quantitatives. Cet audit sera examiné sous le prisme des trois des quatre nœuds d'analyse du modèle de développement proposé par la Banque Mondiale. Il s'agit de mettre à nu les différences *sexo-spécifiques*[26] qui s'expriment au Congo dans des domaines tels que le renforcement du capital humain, la gouvernance des affaires publiques, ainsi que la diversification de l'économie.

Il convient de préciser que dans le modèle de développement proposé par la Banque Mondiale pour l'Afrique, la prévention contre les conflits (deuxième nœud), la compétitivité (troisième nœud), ainsi que la réduction de la dépendance à l'égard de l'aide internationale et le renforcement des partenariats (quatrième nœud) ne sont pas significatifs de l'étude de la relation du genre, en raison de leur caractère relativement global et basé sur des décisions régaliennes.

La seconde partie de ce travail s'appuie sur les données recueillies au cours d'une enquête de terrain menée à travers huit localités du Congo : Obouya-Makoua, Gamboma, Ignié (pour le Nord) et Brazzaville, Madingou, Sibiti, Dolisie et Pointe-Noire (pour le Sud). L'objectif de cette investigation était d'observer le discours des populations à propos d'une corrélation entre le *« Genre »* et le *« Développement »*. Ces discours ont été recueillis grâce aux *focus groups*[27] conduits dans les villes susmentionnées.

---

[26] Selon l'OMS, le terme « *sexo-spécificité* » se rapporte aux rôles, aux comportements, aux activités et aux attributs sociaux qu'une société donnée considère comme appropriés pour les hommes et pour les femmes (http://www.who.int/topics/gender/fr/)

[27] En sciences sociales, les *focus groups* sont utilisés pour etudier des problématiques sociétales, non pas à travers l'enquête d'individus, comme c'est le cas dans l'enquête par sondage, mais par la discussion de groupe. Le résultat de cette forme de recherche reflète l'interaction entre les attitudes des participants et le processus social au sein du groupe. Dans son appellation d'origine, l'entretien focalisé (en anglais, *focused interview*) a été développé initialement aux États-Unis, dans la mouvance du courant de Kurt Lewin en psychologie sociale

« Enfin, la Fondation SOUNGA formulera des recommandations qu'elle adressera aux pouvoirs publics et aux partenaires du développement, ainsi qu'à toutes les organisations et parties prenantes qui œuvrent pour la promotion d'un développement inclusif en Afrique, en général, et au Congo, en particulier. »

---

sur la dynamique des groupes, par Robert Merton et Paul Lazarsfeld au tout début de la seconde guerre mondiale (https://fr.wikipedia.org/wiki/Focus_group)

PARTIE I :
L'ÉTAT DE L'ÉGALITÉ DE GENRE AU CONGO

Le gouvernement de la République du Congo s'est doté en 2008 d'une Politique nationale du genre (PNG) et d'un plan d'action pour sa mise en œuvre pour la période allant de 2009 à 2013.

Cette politique avait pour objectif principal de contribuer à l'amélioration du statut social, économique, juridique et politique de la femme. L'idée sous-jacente de toute la démarche d'élaboration de cette politique relate un constat d'échec. En effet, les rapports sociaux se caractérisent par une forte inégalité malgré les nombreuses initiatives engagées pour favoriser la parité hommes-femmes.

Il est question dans ce chapitre de rendre compte de l'état de l'égalité de genre au Congo qui sera analysé sous le prisme des « *nœuds du développement* » mis en place par la Banque Mondiale. Pour atteindre cet objectif, il sera structuré de la façon suivante : (i) le genre et le renforcement du capital humain, (ii) le genre et la gestion des affaires publiques et (iii) le genre et la diversification de l'économie.

CHAPITRE I
L'ÉGALITÉ DES GENRES DANS LE PROCESSUS DE RENFORCEMENT DU CAPITAL HUMAIN CONGOLAIS

Dans son ouvrage *Human Capital*[28], l'économiste américain Gary Becker[29] définit le capital humain comme *« l'ensemble des capacités productives qu'un individu acquiert par accumulation de connaissances générales ou spécifiques, de savoir-faire... »*

Porter (1990), souligne quant à lui que le capital humain est l'un des quatre déterminants qui fondent l'avantage compétitif des nations, alors que pour l'UNICEF-Petite enfance[30], *« le capital humain d'une nation – littéralement ses réserves de citoyens en bonne santé, instruits, compétents et productifs – est un facteur clé de sa croissance économique et de son développement humain à plus long terme. Ce capital humain est constitué en donnant à chaque enfant un bon départ dans la vie : non seulement la possibilité de survivre, mais les conditions nécessaires pour se développer et pour réaliser tout son potentiel ».* Si ces définitions diffèrent quelque peu, elles convergent sur au moins un point : le capital humain qui renvoie à une compétence ou à une expertise acquise par un individu tout au long de son parcours.

---

[28] G. S. Becker, *Human Capital, A Theoretical and Empirical Analysis*, Columbia University Press for the National Bureau of Economic Research, *New York, 1964.*
[29] Gary Becker a obtenu le prix Nobel d'économie en 1992.
[30] http://www.unicef.org/french/earlychildhood/.

« Le capital humain au cœur de la disparité hommes-femmes au Congo »

Dans un pays donné, le renforcement du capital humain revêt une importance fondamentale dans la mesure où il constitue à la fois l'un des préalables au développement, mais également une ressource essentielle pour une croissance économique soutenue (OCDE, 2001).

On note pourtant de profondes disparités entre les hommes et les femmes au Congo dans les principaux domaines qui concourent au renforcement du capital humain, à savoir l'éducation formelle et non-formelle[31], la formation et la participation au marché de l'emploi.

1- L'égalité des genres dans le domaine de la scolarisation et de l'alphabétisation

Les économistes soutiennent que l'éducation formelle, prise dans son acception globale (préscolaire, primaire, secondaire et supérieure), joue un rôle capital dans la productivité, celle-ci ayant des conséquences directes sur le niveau de vie des populations. Les travaux de Robert Lucas (1993), Mankiw (2001) ou encore Barro (2004), tendent à présenter l'éducation formelle comme un moteur de croissance économique. Cette

---

[31] La Conférence générale de l'UNESCO en 1997 reconnaît cela. En effet, la nouvelle classification internationale type de l'Éducation (CITE 97) établit que : « L'enseignement non-formel peut (...) s'adresser à des personnes de tout âge. Selon les spécificités du pays concerné, cet enseignement peut englober des programmes d'alphabétisation des adultes, d'éducation d'enfants non-scolarisés, d'acquisition de compétences utiles à la vie ordinaire et professionnelle et de culture générale »

idée tient notamment au fait que la qualité de la productivité des individus dépend fortement de leur niveau d'instruction ou d'éducation. À ce titre, Poulet-Coulibando (2011) considère que le niveau d'éducation de la population d'un pays consiste en l'enseignement qu'elle a reçu.

L'éducation, clé de voûte de la croissance économique et du niveau de vie des citoyens

L'éducation, telle qu'elle est évoquée ici, renvoie à ses composantes formelles et non-formelles. Le système d'éducation congolais est régi par la loi n° 25/95 du 17 novembre 1995, modifiant la loi scolaire n° 008/90 du 6 septembre 1990, qui définit la structure, les objectifs, le fonctionnement, l'administration et la planification du système éducatif dans son ensemble ainsi que la structure du système non-formel. L'article 2 de cette loi stipule que *« tout enfant vivant sur le territoire de la République du Congo a droit, sans distinction d'origine, de nationalité, de sexe, de croyance, d'opinion ou de fortune à une éducation qui lui assure le plein développement de ses aptitudes intellectuelles, artistiques, morales et physiques ainsi que sa formation civique et professionnelle »*.

En dépit des principes d'égalité que recèle le texte ci-dessus, les différentes enquêtes menées au niveau national font état de l'existence des inégalités de genre, qui prévalent aussi bien dans l'éducation formelle (au primaire et au secondaire notamment) que non-formelle (alphabétisation).

Les garçons et les filles ont un accès égal à la scolarité tout au long du cycle primaire

D'après les résultats de l'ECOM 2, les principales entraves à la scolarisation des jeunes filles semblent avoir été levées. En effet, les garçons et les filles paraissent avoir autant de chances d'intégrer le cycle d'études primaire au Congo. Le graphique ci-dessous rend compte de façon claire de la situation de la scolarisation au cycle primaire selon le genre.

Graphique 1 : Taux de scolarisation
au cycle primaire selon le genre

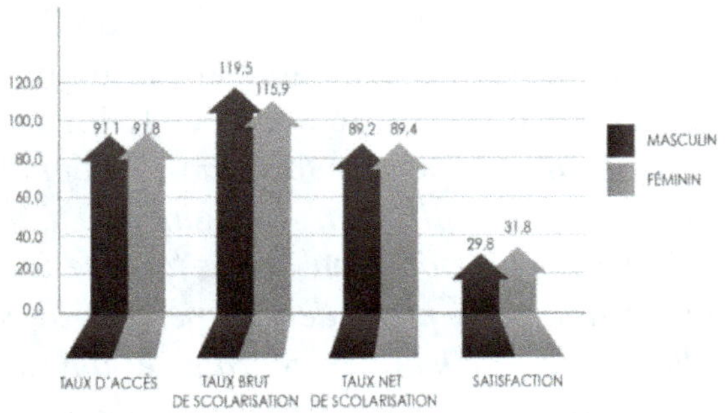

Source : ECOM 2, 2011.

On constate que les taux nets de scolarisation et d'accès de la population féminine à la scolarité sont tous quasiment identiques à ceux de la population masculine. En effet, le taux net de scolarisation est passé de 86,3 % en 2005 à 89,4 % chez les filles. Au cours de la même période, il a crû de 87,2 % à 89,2 % chez les garçons. Le pourcentage brut de scolarisation chez les garçons (119,5 %) demeurait néanmoins supérieur à celui des filles (115,9 %) en 2011. Il est cependant important de constater que les filles se sentent davantage satisfaites (31,8 %) que les garçons (29,8 %).

Concernant le cycle secondaire, les écarts entre garçons et filles restent encore négligeables pour tous les indicateurs utilisés. En effet, le taux d'accès chez les garçons est de 71,6 %, contre 73,6 % chez les filles. Les rapports nets de scolarisation sont quasiment identiques entre les deux sexes (59 % chez les garçons et 59,2 % chez les filles). C'est lorsque l'on s'intéresse au taux de scolarisation brut que nous pouvons constater que ce dernier est légèrement supérieur pour les femmes (85,2 % contre 83,9 % pour les garçons). Il est possible que ce taux procède d'un échec plus important des filles dans l'enseignement secondaire.

Graphique 2 : Taux de scolarisation au secondaire selon le genre

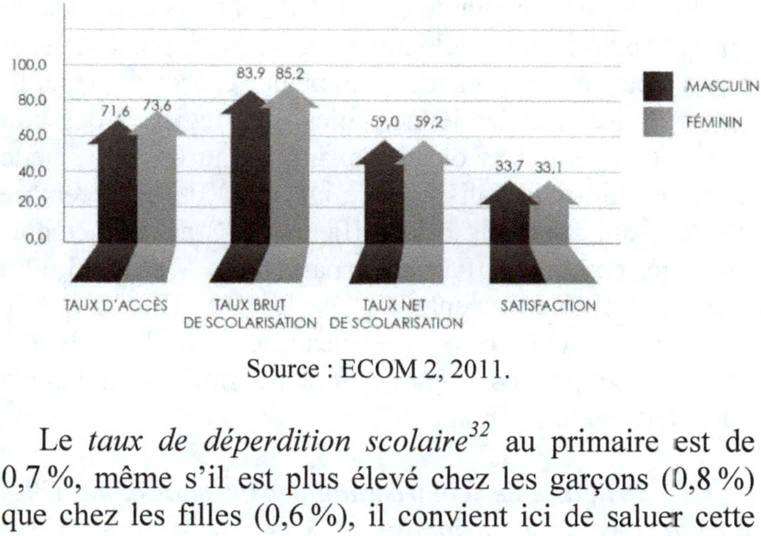

Source : ECOM 2, 2011.

Le *taux de déperdition scolaire*[32] au primaire est de 0,7 %, même s'il est plus élevé chez les garçons (0,8 %) que chez les filles (0,6 %), il convient ici de saluer cette

[32] Selon l'ECOM 2, c'est le pourcentage d'élèves exclus du cursus scolaire.

performance qui couronne les efforts politiques produits pour offrir un accès à l'éducation à l'ensemble des enfants.

Le cycle secondaire, phase de décrochage pour les filles

À partir du cycle secondaire, on enregistre généralement une hausse d'abandon de scolarité (2,7 %), avec une tendance plus importante chez les filles (3,1 %), que chez les garçons (2,3 %). On constate un taux de déperdition scolaire plus élevé que la moyenne nationale chez les filles (4,0 %), à partir de l'âge de 14 ans ; ainsi que chez leurs aînées âgées de 17 et 18 ans (respectivement 4,1 % et 7 %). Chez les garçons âgés de 16 et 17 ans, ces chiffres représentent respectivement 3,1 % et 4,3 %.

Une enquête, conduite par le CRIDF à Brazzaville en 2014, a par ailleurs révélé que les grossesses précoces sont reconnues comme l'une des principales causes de déperdition scolaire chez les jeunes filles. Les registres des huit formations sanitaires ont été examinés au cours de cette enquête qui a été réalisée entre janvier 2010 et décembre 2014 et qui a permis d'identifier 60 617 accouchements tous âges confondus. Parmi ces naissances, 7 867 (13,0 %) sont le fait d'adolescentes âgées de 12 à 18 ans qui se trouvent souvent être des élèves (50,3 %). En général, 68 % de ces jeunes filles quittent définitivement l'école après leur premier enfant.

« La structure de scolarisation des garçons et des filles durant les cycles primaire et secondaire se présente comme un « entonnoir » pour les filles, avec un taux de scolarisation qui est décroissant du primaire au secondaire, si on le compare à celui des garçons. »

L'alphabétisation est une forme d'éducation non-formelle, constituant une alternative qui s'offre aussi bien aux hommes qu'aux femmes dépourvus des bases de l'éducation formelle. Elle ne concerne pas tous les individus au point d'être perçue comme un mécanisme de sélection plutôt qu'un moyen d'accès au savoir et au savoir-faire. Le taux d'alphabétisation a crû de 80,4 % à 83 % entre 2005 et 2011 sur l'ensemble du territoire congolais. L'ECOM 2 rend compte d'un taux d'alphabétisation plus élevé chez les hommes (90,2 %) que chez les femmes (76,8 %). L'écart entre les deux sexes s'est toutefois considérablement réduit par rapport à 2005, année au cours de laquelle on notait un taux d'alphabétisation de 89,1 % chez les hommes et de 72,5 % chez les femmes. Il est important de noter que le taux d'alphabétisation, quel que soit le sexe, connaît une diminution corrélée à un âge croissant. Cette baisse est très forte pour les femmes à partir de 40 ans. Quant aux hommes, ce phénomène apparaît dès 50 ans.

D'autre part, le taux d'alphabétisation varie en fonction du lieu de résidence, qu'il soit rural ou urbain. En effet, il est en général plus faible dans les villages. En ce qui concerne les différences selon le sexe, on y trouve plus d'hommes (76,5 %) que de femmes (51,6 %) alphabétisées. À partir de 39 ans, ce taux diminue, passant de 65 % pour la tranche d'âges des 30-39 ans à 34,5 % pour celle des 50-59 ans.

Les femmes âgées de 60 ans et plus ont, quant à elles, le taux d'alphabétisation le plus bas (5,5 %). Chez les hommes, ce taux est de 75 % pour la tranche des 50-59 ans. Il descend sous les 50 % à partir de 60 ans.

Le taux d'alphabétisation est en général plus élevé dans les zones urbaines. Dans cet environnement, les populations les plus alphabétisées (91,6 %) ont 15 ans et plus.

Dans cette catégorie, l'écart est relativement faible entre les hommes et les femmes (respectivement 96 % et 87,7 %). Ici comme dans les zones rurales, les femmes les moins alphabétisées sont âgées d'au moins 50 ans.

« Si le taux d'alphabétisation décroit avec l'âge, il demeure dans tous les cas plus élevé chez les hommes. »

Tableau 1 : Taux d'alphabétisation
par lieu de résidence et par âge selon le sexe (en %)

	Hommes	Femmes	Ensemble
Total	90,2	76,8	83,1
15-19	93,7	90,0	91,9
20-29	90,7	86,4	88,3
30-39	92,6	85,8	89,0
40-49	92,6	77,8	85,1
50-59	90,3	62,4	76,0
60+	71,9	19,2	44,1
Rural	76,5	51,6	63,2
15-19	85,7	75,6	81,1
20-29	76,5	63,2	68,7
30-39	80,8	65,0	72,1
40-49	83,8	54,2	69,1
50-59	75,3	34,5	53,3
60+	49,2	5,5	24,9

	Homme	Femme	Ensemble
Urbain	96,0	87,7	91,6
15-19	96,7	94,4	95,6
20-29	95,2	94,4	94,8
30-39	97,2	94,5	95,7
40-49	97,2	89,4	93,2
50-59	97,6	78,2	87,9
60+	88,7	31,6	59,8

Source : ECOM 2.

« Les chiffres relatifs au secteur éducatif congolais permettent de constater que malgré des efforts considérables fournis en matière d'égalité durant la dernière décennie, ces derniers restent insuffisants. Des disparités notoires demeurent au détriment des femmes. Leur contribution au renforcement du capital humain du pays en est par conséquent réduite. »

2- L'égalité des genres dans le domaine de la formation

La formation se présente comme un sous-ensemble de l'éducation. Elle comprend des spécificités propres relatives au groupe social duquel est issu l'adulte-apprenant (Bourgeois, 2001). Qu'elle soit initiale ou continue, la formation permet l'acquisition des connaissances et d'un savoir-faire nécessaires à l'exercice d'un métier.

La formation supérieure, un atout pour s'insérer sur le marché de l'emploi

L'Université Marien NGOUABI (UNMG) a été, jusque dans les années 1990, la seule institution d'enseignement supérieur du Congo. Avec ses 11 établissements, cette université a eu le monopole de la formation supérieure du pays. Aujourd'hui encore, soit plus de vingt-cinq ans après la libéralisation de l'enseignement (officialisée par la Conférence nationale souveraine de 1991), l'UMNG reste le pilier du dispositif de la politique de formation du gouvernement congolais.

En 2012, le ministère de l'Enseignement supérieur comptait dans son effectif 32,17 % de femmes parmi les étudiantes des 11 établissements de l'UMNG. Entre 2010 et 2012, les femmes représentaient moins de 25 % de la Faculté des sciences (17,31 % en moyenne), de l'Institut du développement rural (20,53 % en moyenne) et de l'École normale supérieure (24,61 % en moyenne)

À l'ENAM, elles ne représentent qu'un peu plus du quart (26,32 %), sur la même période. Si les femmes sont plus nombreuses à intégrer ces cursus, leur proportion reste inférieure à celle des hommes au sein de la Faculté de droit, des sciences et de la santé ou encore de l'Institut supérieur de gestion où elles représentaient plus de 40 % des effectifs entre 2010 et 2012.

Des femmes beaucoup moins nombreuses dans l'enseignement supérieur

Tableau 2 ci-contre : Évolution du nombre d'étudiants à l'Université Marien NGOUABI, de 2007-2008 à 2011-2012, par établissement et par sexe

		2007/08	2008/09	2009/10	2010/11	2011/12
Faculté des lettres et des sciences humaines (FLSH)	Total	4 082	4 118	5 111	5 767	6 302
	dont femmes	...	...	1 735	1 549	2 197
Faculté des sciences économiques (FSE)	Total	3 690	3 369	4 260	4 312	5 752
	dont femmes	...	...	1 259	1 377	1 855
Faculté des sciences (FS)	Total	1 978	2 282	2 826	2 671	3 466
	dont femmes	...	...	286	491	813
Faculté de droit (FD)	Total	2 338	2 537	3 118	4 150	5 520
	dont femmes	1 002	1 044	1 945	2 372	2 056
Faculté des sciences de la santé (FSS)	Total	422	468	578	552	615
	dont femmes	162	186	256	245	291
Ecole nationale d'administration et de magistrature (ENAM)	Total	419	532	641	714	713
	dont femmes	...	...	145	194	208
École nationale supérieure polytechnique (ENSP)	Total	452	617	698	729	856
	dont femmes	138	172	200	210	242
École normale supérieure (ENS)	Total	1 158	1 284	1 537	1 640	1 784
	dont femmes	...	...	337	413	477
Institut supérieur de gestion (ISG)	Total	382	366	659	609	469
	dont femmes	...	...	321	261	146
Institut du développement rural (IDR)	Total	417	449	494	448	552
	dont femmes	...	...	115	89	102
Institut supérieur d'éducation physique et sportive (ISEPS)	Total	394	432	461	314	463
	dont femmes	...	...	95	130	137
TOTAL	Total	15 732	16 454	20 383	21 902	26 492
	dont femmes	1 302**	1 402**	6 694	7 331	8 524

** Données partielles

Sources : DEP/Enseignement supérieur et Direction de la scolarité et des examens

S'il existe des progrès avérés en matière de parité parmi les étudiants, une certaine inégalité prévaut lorsqu'on observe le corps enseignant de l'Université Marien NGOUABI. En effet, comme l'illustre le tableau 3, l'établissement ne compte que 59 femmes enseignantes sur un total de 1729 enseignants en 2012, soit 3,4 % de l'effectif total.

Tableau 3 : Évolution des effectifs des enseignants de l'Université Marien NGOUABI par statut, de 2007-2008 à 2011-2012

	2007/08	2008/09	2009/10	2010/11	2011/12
Permanents	515	560	592	579	566
Dont femmes	*40*	*46*	*57*	*58*	*59*
Vacataires	758	890	1 029	1 165	1 163
Dont femmes	-	-	-	-	-
TOTAL	1 273	1 450	1 621	1 744	1 729
Dont femmes	*40*	*46*	*57*	*58*	*59*

Source : Rectorat de l'UMNG.

Le taux de femmes travaillant au sein de cette institution stagne entre 2007 et 2012, avec une moyenne annuelle de (3,2 %). Les chiffres communiqués par l'UMNG démontrent que cette institution recrute davantage d'hommes (120), que de femmes (5) chaque année.

« Le corps enseignant du supérieur est essentiellement masculin. »

Comme nous avons pu le constater au travers de l'analyse de l'UMNG, les disparités entre les hommes et les femmes restent profondes au niveau de l'éducation formelle. La place marginale occupée à l'UMNG par les femmes en dit long sur l'égalité des genres dans le domaine de la formation au Congo.

3- L'égalité des genres en matière de santé

L'accès aux soins de bonne qualité de toutes les catégories sociales d'un pays fait partie des marqueurs qui attestent de son développement. En effet, la possibilité de pouvoir se soigner est un droit dont nul ne peut être privé sous quelque prétexte que ce soit. Chaque être humain doit pouvoir jouir de ce droit, quels que soient son genre, son appartenance ethnique, sa confession religieuse, ses convictions politiques ou encore sa situation économique.

Pourtant, comme l'a relevé l'AFD[33], les inégalités en matière d'accès aux services de santé remettent en question le bien-être et l'équilibre de vie d'un grand nombre de femmes. Les enjeux auxquels elles sont confrontées en termes de santé varient en fonction de leur cycle de vie. Elles sont, entre autres, plus exposées aux risques de grossesses non désirées et aux maladies sexuellement transmissibles. Or, elles sont fragilisées physiquement par leur double charge de travail, car elle cumule, outre des *« obligations domestiques »*, des contraintes professionnelles.

---

[33] AFD, PAUSE GENRE : *« L'essentiel sur les enjeux de genre et de développement »*, 2014.

L'accès à la santé, un droit fondamental pour chaque être humain, pourtant inégalement distribué entre hommes et femmes, notamment sur le plan biologique

Pour mieux comprendre l'inégalité d'accès à la santé que vivent les femmes, il convient de prendre l'exemple des grossesses précoces, qui sont définies en tant que telles, lorsqu'elles surviennent entre le début de la puberté et l'âge de 18 ans, soit la majorité juridique. Sans aucune planification préalable, les grossesses prématurées sont ainsi susceptibles de compromettre de nombreuses opportunités auxquelles les jeunes filles pourraient avoir accès afin de poursuivre leurs études. De même, ces grossesses *« non maîtrisées »* peuvent constituer un sérieux handicap pour les femmes qui exercent des activités ne permettant aucune flexibilité horaire, une situation regrettable lorsqu'aucune mesure d'accompagnement n'y est associée.

Au Congo, les enquêtes nationales démontrent que les femmes entrent souvent en union à un âge encore précoce. En effet, 10 % des femmes de 25 à 49 ans interrogées vivaient déjà en couple lorsqu'elles avaient 15 ans. L'âge minimum légal au Congo requis pour le mariage est de 18 ans pour les femmes. Pourtant, plus de 35 % d'entre elles vivaient déjà avec leur compagnon avant de les avoir.

Ces relations entamées alors que les filles sont encore mineures expliquent, comme le souligne l'EDSC-II, le niveau élevé de fécondité des femmes congolaises. En effet, on compte une moyenne de 5,1 enfants par femme au Congo. On constate, en outre, que si l'âge médian[34] lors de la première union est estimé à 26,2 ans pour les

[34] L'âge médian est l'âge qui divise une population en deux groupes numériquement égaux, la moitié est plus jeune et l'autre moitié est plus âgée.

hommes, il est de 19,7 ans pour les femmes. Ces unions surviennent plus tôt dans les zones rurales où l'âge médian est de 18,7 ans pour les femmes et de 20,2 ans pour les hommes. Ces informations confirment que les femmes sont exposées à des grossesses précoces qui comportent des risques pour la santé des jeunes filles, en cas de complications pré et postnatales.

Selon l'EDSC-II, les niveaux de mortalité adulte ont enregistré une baisse significative entre 2005 et 2012, en particulier chez les hommes. Les femmes congolaises demeurent cependant encore très exposées à la mortalité maternelle. Ces décès représentent en effet 13 % de l'ensemble des décès enregistrés pour les femmes entre 15 et 49 ans, une tranche d'âges dans laquelle on compte plus de 20 % de femmes en âge de procréer. Ce taux de mortalité élevé explique la différence du ratio de décès entre les hommes (1 sur 6) et les femmes (1 sur 5), chez les individus ayant entre 15 et 50 ans.

Par ailleurs, il est utile de relever que ces résultats mettent également en exergue le rapport à la sexualité des unes et des autres. En effet, 26 % de femmes ayant entre 25 et 49 ans affirment avoir eu leur premier rapport sexuel avant l'âge de 15 ans. Cette analyse des comportements sexuels révèle également que seulement 60,1 % des hommes âgés de 15 à 24 ans confient utiliser des préservatifs lors de leurs rapports, contre 44,9 % pour les femmes de la même tranche d'âges. 4,1 % de femmes sont atteintes par le VIH, contre 2,1 % des hommes dont l'âge se situe entre 15 et 49 ans.

Enfin, la femme a une importante charge de travail qui l'expose à de récurrents ennuis de santé. Au Congo, le nombre d'heures hebdomadaires consacrées aux travaux ménagers est cinq fois plus élevé chez les femmes (8,1 heures), que chez les hommes (1,4 heure). Il découle de cette tendance que les femmes congolaises sont 2,7 fois plus exposées aux risques de maladies cardiovasculaires que les hommes, puisque 55 % des accidents féminins leur sont mortels, contre seulement 43 % pour les hommes (cf. EDSC II).

« Une répartition des tâches domestiques très inégale entre les hommes et les femmes. »

En dépit de ces constats, les décisions concernant les soins de santé devant être prodigués aux femmes sont prises par les hommes dans 59 % des cas, la femme étant libre de prendre la décision qui lui sied dans seulement 10 % des situations. C'est dire à quel point la vie des femmes congolaises est littéralement régie par leurs hommes.

4- L'égalité des genres sur le marché du travail

Le travail est un fondement indispensable au développement et au renforcement du capital humain. Grâce aux revenus qu'il génère, le travail permet aux populations d'assumer efficacement les dépenses d'éducation, de formation et de santé. Le sous-emploi est donc un problème majeur pour le développement d'un pays, car il entraîne des difficultés aux répercussions politiques, économiques et sociales.

Du point de vue du genre, l'importance du travail coïncide avec la nécessité de permettre aux femmes et aux hommes un accès égal au marché du travail, dans l'objectif de donner la possibilité à tous, de mettre leur capital humain au service du développement du pays. Or, comme nous l'avons évoqué précédemment, les femmes sont exposées à une inégalité d'accès à la formation et à l'éducation. La conséquence de cet état de fait est que les femmes sont moins favorisées que les hommes en ce qui concerne l'accès au marché de l'emploi.

Un niveau d'instruction qui nourrit de profonds déséquilibres sur le marché du travail

Un *niveau d'instruction*[35] est une condition nécessaire pour accéder à une fonction qualifiée et rémunérée. D'après Flahault (2006), *« l'instruction, c'est l'acquisition de connaissances grâce à l'enseignement »*. En République du Congo, les hommes semblent être favorisés en matière d'instruction. En effet, 27,6 % d'entre eux n'ont aucun niveau d'études, tandis que 34 % de femmes (Tableau 4) sont dans une situation analogue. Cette observation est aussi valable pour l'ensemble du cycle scolaire, du primaire au supérieur.

Tableau 4 : Niveaux d'instruction selon le sexe (en %)

Niveau d'instruction	Femmes	Hommes	Ensemble
Ensemble	100	100	100
Aucun	37,9	15,3	21
Primaire partiel	7,9	6,8	7,1
Primaire complet	5	7	6,5
Secondaire partiel	35,3	39,7	38,6
Secondaire complet	7,3	14,6	12,7
Supérieur	6,6	16,6	14,1

Source : ECOM 2.

[35] Selon l'Unesco, le niveau d'instruction d'une personne est celui qui correspond à la dernière année d'études accomplie et/ou au plus haut degré atteint ou suivi à son terme par cette personne dans le système d'enseignement ordinaire, d'éducation spéciale ou d'éducation d'adultes de son État ou d'un autre État.

Le rôle de reproduction attribué à la femme, conséquence d'un niveau d'instruction inférieur

Le risque de déperdition scolaire chez les femmes est plus élevé, expliquant leur faible niveau d'instruction. En effet, si de nombreuses contraintes peuvent amener les hommes et les femmes à se déscolariser (mariage précoce, manque de revenus…), il n'en demeure pas moins que ce sont les femmes qui, en cas d'union, portent un enfant. De ce fait, il est évident que les jeunes filles enceintes durant les différents cycles d'études sont davantage confrontées à des difficultés, tant sur le plan psychologique, physique que matériel, empêchant l'assiduité nécessaire pour terminer leur cursus. Sans mesure d'accompagnement nécessaire, ces jeunes filles peuvent être désavantagées durant leur parcours académique en raison de leur capacité à procréer. Le CRIDF rappelle, suite à son enquête relative aux grossesses précoces à Brazzaville entre 2010 et 2014, que sur les 212 adolescentes concernées :

- la plus jeune était âgée de 12 ans, alors que la moyenne d'âge du groupe interrogé était de 17 ans ;
- 45,5 % d'entre elles étaient des élèves ;
- 64,2 % avaient seulement un niveau d'instruction de niveau collège.

Les femmes sont donc moins nombreuses que les hommes à atteindre des niveaux d'instruction supérieurs qui pourraient leur permettre d'accéder à des emplois qualifiés, ainsi qu'à des postes à responsabilités.

L'inégalité des hommes et des femmes devant certaines formations rend compte de l'inégal accès à certains emplois

L'ECOM 2 évalue la population active congolaise à 1 562 000 personnes, comptabilisant les actifs occupés (93,1 %), ainsi que les chômeurs (6,9 %). La population active occupée compte une proportion plus élevée d'hommes (61,4 % contre 54,8 % chez les femmes). Ces hommes figurent généralement parmi les plus actifs entre 30 et 49 ans. La tranche d'âges comprise entre 50 et 64 ans compte le plus de femmes actives. La structure économique du Congo révèle que les travailleurs indépendants agricoles et non agricoles constituent la catégorie socioprofessionnelle la plus représentative de tous les actifs occupés avec 62,9 %, suivis des cadres (12,5 %) et des employés/ouvriers (12,4 %). Les employeurs ou chefs d'entreprise constituent seulement 1,4 % d'entre eux.

Une forte vulnérabilité des femmes face à l'emploi, levier de développement du secteur informel

Les femmes, sont plus nombreuses que les hommes (graphique 3) à évoluer en tant que *« Travailleurs pour compte propre »* (72,7 %), « *apprentis* » (61,1 %) et comme *« aide familiale »* (51,9 %). Il est important de rappeler qu'il n'est pas indispensable d'avoir un niveau d'instruction élevé pour pouvoir accéder aux emplois de cette catégorie. En effet, un niveau d'instruction n'est pas un prérequis pour *« travailler à son compte »*, ou pour occuper la fonction d'apprenti ou encore celle d'aide familiale

Les femmes restent en revanche beaucoup plus réticentes et en retrait lorsqu'il s'agit de manifester un intérêt pour une fonction, lorsque cette dernière requiert un certain niveau d'instruction. C'est notamment le cas pour les positions *« d'employé, ouvrier qualifié »* (où elles sont 17 %), *« d'employé, ouvrier semi-qualifié »* (24,9 %) ou de *« cadre supérieur, ingénieur ou assimilés »* (24,6 %).

« Les femmes sont les grandes absentes des postes à responsabilités occupant davantage des emplois ne nécessitant aucune qualification particulière. »

Graphique 3 : Pourcentage des femmes par catégorie socioprofessionnelle (CSP)

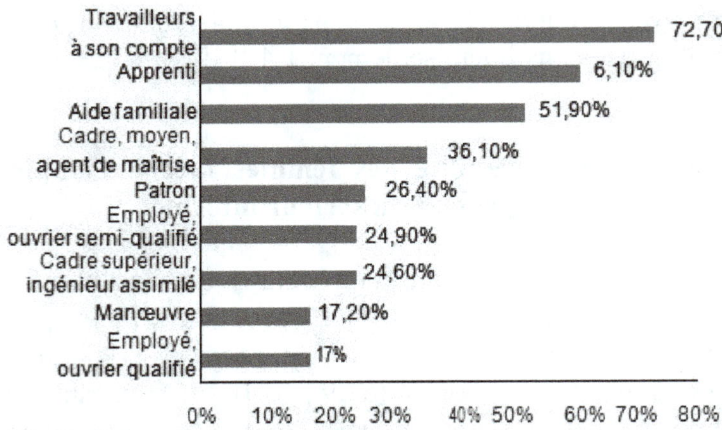

Source . EESIC 2011.

On note par ailleurs que les femmes sont plus nombreuses dans le secteur informel (78,8 %), certainement à titre de « *Travailleur pour compte propre* » à hauteur de 72,7 %. Elles sont cependant moins nombreuses que les hommes à occuper des emplois salariés, où elles représentent 30,6 %.

Tableau 5 : Répartition des actifs occupés par secteur d'activité (en %)

Indicateurs	Ensemble	Homme	Femme	Parité H/F
Secteur public	7,8	11,4	4,5	2,5
Secteur privé formel	15,1	13,4	16,7	0,8
Secteur informel	77,1	75,3	78,8	1,0
Salariés	54,2	71,1	30,6	2,3
Employeurs	6,3	8	4	2,0
Travailleurs pour leur propre compte	32,1	15	72,7	0,3

Source : EESIC, 2011.

Bien que cela soit rare, certaines femmes parviennent aux mêmes fonctions que les hommes. Ces dernières sont confrontées à une autre disparité, notamment en termes de rémunération. En effet, le salaire horaire moyen (cf. Tableau 6), tous secteurs confondus, s'établit à un niveau nettement supérieur chez les hommes (880,2 FCFA/heure). Les femmes perçoivent quant à elles 568,1 FCFA/heure. Ce déséquilibre n'est pas propre à un secteur particulier et concerne aussi bien le secteur public que le secteur privé.

Tableau 6 : Rémunération moyenne en FCFA par heure, selon les secteurs et les sexes

Indicateurs	Ensemble	Homme	Femme	Parité (H/F)
Horaire moyenne	796,3	880,2	668,1	1,3
Secteur public	1 312,5	1 442,7	1 053,2	1,4
Secteur privé formel	617,0	776,1	482,8	1,6
Secteur informel	665,0	628,3	759,4	0,8

Source : EESIC, 2011.

Cette tendance s'inverse en revanche lorsque nous nous intéressons au secteur informel, où les femmes (759,4 FCFA) perçoivent des revenus plus élevés que les hommes (628,3 FCFA). Préalablement à ces inégalités subies sur le marché de l'emploi, les femmes sont également confrontées à des inégalités et à des difficultés plus importantes dans leur recherche d'emploi. Elles sont, en effet, plus nombreuses (12,5 %) que les hommes (10,2 %) parmi les demandeurs d'emploi.

« Des rémunérations sont inférieures de 25 % en moyenne pour la femme, dans le secteur formel, mais de 18 % supérieures aux hommes dans le secteur informel. »

Tableau 7 : Indicateurs clés du marché de l'emploi selon le genre

Indicateurs	Ensemble	Homme	Femme	Parité (H/F)
Activité	45,1	54,5	36,6	1,5
Emploi	40,1	48,9	32	1,5
Occupation	88,8	89,8	87,5	1,0
Chômage	11,2	10,2	12,5	0,8

Source : EESIC, 2011.

« Un taux de chômage de 12,5 % qui impacte plus lourdement les femmes. »

CHAPITRE II
L'ÉGALITÉ DES GENRES DANS LA GESTION DES AFFAIRES PUBLIQUES AU CONGO

La gestion des affaires publiques est organisée autour d'un système de prise de décisions qui consiste, en partie, en une utilisation intelligente des ressources humaines disponibles pour des raisons d'efficacité. Suivant le capital humain accumulé par les uns et les autres, il leur est confié une responsabilité dans le domaine économique, politique ou environnemental. Ainsi perçue, la gouvernance de la chose publique consiste en l'identification ou en la sélection des talents les plus appropriés suivant la mission qui leur est confiée. Une telle décision impose que l'autorité en charge de ladite sélection respecte le principe fondamental d'égalité qui enserre le service public[36]. Autrement dit, du point de vue du genre, il est indispensable que les femmes et les hommes aient les mêmes chances d'accéder à une fonction et de faire carrière au sein d'un service de l'État.

1- L'état de l'égalité des genres au niveau des postes à responsabilités au sein du pouvoir exécutif, en 2013

L'égalité des genres au niveau des postes *à re*sponsabilités au sein des structures ministérielles

En 2013, on comptait très peu de femmes aux différents postes de l'administration publique. En effet, parmi les 1486

[36] Le service public s'appuie sur un certain nombre de principes parmi lesquels l'égalité, la continuité, l'adaptabilité, la transparence, la fiabilité et l'accessibilité.

recensés dans le secteur public et privé, toutes fonctions confondues, seulement 21,7 % de postes étaient occupés par les femmes. Dans les fonctions subalternes, on distingue 73,9 % de femmes qui occupent les postes de *« secrétaire particulier »* ou de *« chef de secrétariat »*. Lorsqu'on observe les fonctions supérieures ou de cadre, les Congolaises sont très peu représentées (cf. le tableau 8). Les fonctions de cadre désignent celles de *« directeur général »*, *« directeur central »*, *« conseiller »*, *« attaché »* ou *« chef de protocole »*. Plus on s'intéresse au sommet de la pyramide des institutions publiques, moins elles sont nombreuses. En effet, parmi les 38 portefeuilles ministériels que comptaient le Congo en 2013, seuls 4 avaient été confiés à des femmes, ne représentant alors que 10,52 % du gouvernement.

Tableau 8 : Représentativité des femmes dans les structures ministérielles

Poste occupé	Total	Femmes	% Femmes
Ministre	38	4	10,5
Directeur de cabinet	36	2	5,6
Directeur général	133	18	13,5

Poste occupé	Total	Femmes	% Femmes
Directeur	557	83	14,9
Conseiller	217	20	9,2
Secrétaire particulier (ère)/ Chef de secrétariat	192	142	73,9
Attaché/chef de protocole	298	54	18,1
TOTAL	1 486	323	21,7

Source : Secrétariat général du gouvernement et services concernés, septembre 2013.

« Une très faible représentation de femmes au sein des ministères, à l'exception des fonctions de « secrétaire particulier » ou de « chef de secrétariat ». »

L'égalité des genres au niveau des postes à responsabilités au sein des collectivités locales

À l'image de ce qui existe dans l'administration publique centrale, les femmes sont marginalisées dans les structures des collectivités locales. On y trouve seulement 13,8 % de femmes. Aucune de ces dernières n'occupe un poste à responsabilités tel que celui de *« Préfet de département »*, de *« Président du conseil départemental »* ou de *« vice-président de conseil départemental »*. Les choses sont quelque peu différentes dans les mairies où l'on trouve un peu plus de femmes à des postes à responsabilités que dans d'autres structures publiques. En effet, 30,8 % de femmes sont à la tête des mairies des communautés urbaines et 14 % dirigent des mairies d'arrondissement (cf. Tableau 9).

Tableau 9 : Participation des femmes
dans l'administration des collectivités locales

Poste	2013		
	Total	Femmes	% Femmes
Préfet	12	0	0
Sous-préfet	88	3	3,4
Maire de commune	6	0	0
Maire d'arrondissement	23	3	13
Maire de communauté urbaine	52	16	30,8
Secrétaire général	188	27	14,4
Président de conseil départemental	12	0	0
Vice-président de conseil départemental	12	0	0
Président du conseil municipal/communal	6	0	0
Vice-président du conseil municipal/ communal	6	0	0
Conseil départemental	560	78	13,9
Conseil municipal/communal	296	47	15,9
TOTAL	1 261	174	13,8

Source : Secrétariat du gouvernement et services concernés, septembre 2013.

« Malgré une faible représentativité au sein des collectivités locales, les femmes sont nombreuses au poste de maire. »

L'égalité des genres au sein des services diplomatiques

Les femmes représentent 15,2 % du personnel du corps diplomatique. En 2013, le ministère des Affaires étrangères ne comptait en effet dans ses rangs aucune femme à la fonction *« d'attaché militaire »*, de *« consul »* ou de *« vice-consul général »*. Elles sont en revanche majoritaires (66,7 %) dans les fonctions « d'attaché consulaire ». À l'instar de ce qui se passe dans d'autres services de l'État, elles sont rares au sommet de la hiérarchie. En effet, 17,2 % d'entre elles occupent le poste de *« Premier secrétaire d'ambassade »*, une proportion que l'on retrouve à la tête des missions diplomatiques, notamment aux fonctions d'ambassadeur.

« Le corps diplomatique congolais est essentiellement masculin, à l'exception de la fonction **« d'attaché consulaire ». »**

Tableau 10 : Participation des femmes au service extérieur

Postes	Total	Femmes	% Femmes
Ambassadeur	29	5	17,2
Attaché militaire	10	0	0
Conseiller	61	9	14,8
Premier secrétaire	29	5	17,2
Vice-consul général	4	0	0
Attaché consulaire	3	2	66,7
Consul	2	0	0
TOTAL	138	21	15,2

Source : Service extérieur du ministère des Affaires Étrangères, septembre 2013.

L'état de l'égalité des genres au sein du pouvoir législatif en 2013

Le pouvoir législatif de la République du Congo est exercé par un Parlement à deux chambres : l'Assemblée nationale et le Sénat. Si les femmes ont la possibilité de participer au processus de prise de décision, elles demeurent encore sous-représentées dans chacune des chambres du Parlement. Parmi les 137 députés élus à la suite des élections législatives de juillet 2012, seulement 13 étaient des femmes. La représentativité des femmes (Tableau 11), tant au niveau de l'Assemblée nationale que du Sénat, n'a jamais été supérieure à 10 % entre 1992 et 2002. Au Sénat, nous comptons seulement 10 femmes sur l'ensemble des 72 sénateurs que comprend la chambre haute du Parlement, ne représentant que 13,9 % de l'ensemble des sénateurs.

Tableau 11 : Effectif des femmes parlementaires de 1992 à 2012

Années	Assemblée Nationale			Sénat		
	Effectif total	Effectif des femmes	%	Effectif total	Effectif des femmes	%
1992	125	6	4,8	58	2	3,4
2002	129	12	9,3	60	9	15
2007	137	10	7,3			
2008				72	10	13,9
2012	137	13	9,3			

Source : Exploitation des données de l'annuaire statistique de 2009-2012.

« La femme participe effectivement au processus législatif, mais de façon encore marginale, avec seulement 13 députés sur 137 élus à l'Assemblée nationale. »

L’état de l’égalité des genres au sein du pouvoir judiciaire en 2013

L’ensemble de l’appareil judiciaire congolais comprend 148 postes, les femmes n’occupant que 28 d’entre eux, soit 19 % de l’effectif total. Les disparités liées au genre les plus importantes peuvent, notamment, s’observer au niveau de la Haute Cour de justice (25 % de femmes), de la Cour suprême (9,1 %), de la Cour constitutionnelle (22,2 %), et de la Cour des comptes et de discipline budgétaire (16,7 %). Elles étaient, en revanche, beaucoup plus présentes au sein du tribunal du travail (66,7 %) ainsi qu’au niveau du parquet général de la République (36,4 %).

Tableau 12 : Participation des femmes au sein du pouvoir judiciaire, 2013

Institutions	Total	Femmes	% Femmes
Cour Constitutionnelle	9	2	22,2
Cour Suprême	11	1	9,1
Haute Cour de Justice	12	3	25
Cour des Comptes et de Discipline Budgétaire	24	4	16,7
Cour d'appel de Brazzaville	17	2	11,8
Tribunal de Grande Instance de Brazzaville	53	7	13,2
Tribunal du Travail	6	4	66,7
Tribunal du Commerce	5	1	20
Parquet Général de la République	11	4	36,4

Source : Données recueillies auprès des structures concernées, septembre 2013.

« Une institution judiciaire fondamentalement masculine qui ne concède que les tribunaux du travail aux femmes. »

L'examen de la répartition des postes selon le sexe permet de mettre en exergue une inégalité d'accès aux fonctions dans l'administration publique congolaise. En effet, les femmes y occupent très souvent des fonctions subalternes. La proportion de femmes présentes dans les structures centrales et décentralisées de l'État semble en deçà des quotas d'un tiers et d'un cinquième fixés par l'Union africaine et l'ONU, afin de garantir un minimum de représentativité des femmes[37].

[37] PNUD-Congo, *Rapport national de suivi des OMD*, 2013

CHAPITRE III
L'ÉGALITÉ DES GENRES DANS LE PROCESSUS DE DIVERSIFICATION DE L'ÉCONOMIE CONGOLAISE

La République du Congo est un pays exportateur de matières premières qui tire par conséquent l'essentiel de ses ressources de l'industrie extractive et de l'exploitation pétrolière. Une telle dépendance a conduit les autorités du pays à envisager la diversification de l'économie congolaise. Tel est du moins ce qu'indique le Plan national de développement (PND) pour la période allant de 2012 à 2016. Le double objectif de ce plan est d'accélérer la croissance et de réduire la dépendance à l'égard des industries extractives. La stratégie adoptée a pour but de développer l'activité économique de chaque secteur et d'intensifier la transformation intersectorielle en misant sur des effets de synergie, notamment depuis le secteur primaire – agriculture, mines et forêts – vers les industries et les services marchands, afin de ramener les *« acteurs »* du secteur informel au sein de l'économie formelle. Afin de relever ces défis importants pour le développement, l'ensemble de la population congolaise doit être mis à contribution, quelles que soient les différences qui les distinguent.

Dans l'ambition de rendre compte de l'état de l'égalité des genres, il a été envisagé d'examiner la représentativité des femmes et des hommes dans les différents secteurs d'activité. Ce choix s'explique par le fait que les autorités congolaises ont fait de la diversification un moteur de la transformation économique nationale.

« Le Plan national de développement 2012-2016 de la République du Congo doit s'appuyer sur l'ensemble de son capital humain afin que la diversification de son économie soit une réussite. »

1- L'égalité des genres dans les différents secteurs de transformation de l'économie congolaise

Les prévisions du cadre macro-économique de référence, qui doivent aboutir à une diversification de l'économie congolaise (voir Tableau 13), coïncident avec la volonté du gouvernement de réaliser une transformation rapide de la structure du système productif national. Cette mutation devrait, selon les autorités, faire du secteur des services un moteur de l'économie locale à l'horizon 2016.

Dans le même temps, l'État prévoit de réduire le poids économique des administrations publiques de 11 % à 10,5 %. L'objectif d'une telle mesure est de parvenir à une meilleure gestion de la masse salariale et des dépenses publiques.

Tableau 13 : Scénario chiffré de l'évolution de la structure de l'économie congolaise (en %)

	Historique				Prog.	Projection			
	2008	2009	2010	2011	2012	2013	2014	2015	2016
Evolution de la structure de l'économie par grands secteurs (ratio ou PIB, %)									
Secteur primaire	41,2	42,4	43,6	41,3	38,5	39,5	38,5	37,7	37,2
Secteur secondaire	13,4	13,1	12,9	13,5	14	14,1	14,7	15	15
Secteur tertiaire	42,1	41,3	40,2	41,6	43,9	42,8	43,4	43,9	44,3
Evolution de la structure de l'économie par grappes (croissance annuelle %)									
Agriculture	6,2	6,8	6,4	7,9	7,6	9,2	13	11,7	12,9
Sylviculture et exploitation forestière	2	-42,5	5	1,6	3	10,4	10,9	8,5	7,2
Pétrole brut	7,4	16,1	13,7	-4,8	-5,6	14,8	3,4	4,4	6,4
Industries manufactu-rières	7	5,5	5,9	8,6	8,3	11,7	13,1	10,8	9,1
Electricité, gaz et eau	3,6	1,3	5,5	7,4	7,5	12,1	12,6	10,4	7,7
Bâtiments et travaux publics	7,6	8,7	8,8	10,5	10,5	11,9	12,4	12,3	13,5
Transports et télécom-munications	6,7	6,1	6,9	9,2	9	9	11,1	11,8	12,4
Commerce, restaurants et hôtels	6	7,5	7,4	9,2	9,2	7,8	10,4	11,1	11,7
Autres services (dont financiers)	4,1	4,8	4,9	6,7	6	7,5	9,7	10,4	11,2

Selon l'ECOM 2, réalisée en 2011, l'administration publique est identifiée comme le premier pourvoyeur d'emploi. Elle compte, en effet, parmi ses employés, 17,5 % des actifs urbains et 2 % des actifs issus des zones rurales. D'un point de vue du genre, cette enquête révèle que l'on compte 6,9 % de femmes et 15,9 % d'hommes parmi les personnes employées.

« Un rôle prépondérant pour l'administration publique comme premier employeur, mais qui compte deux fois moins de femmes que d'hommes dans ses effectifs. »

Selon cette même enquête, la plupart des travailleurs (soit 37,8 %), évoluent dans l'agriculture, la pêche et la sylviculture, contre 23,1 % dans le commerce. Les mines et les carrières, qui génèrent la majeure partie des revenus nationaux, emploient paradoxalement la proportion mineure que comptent les actifs, soit 0,9 %.

Dans les secteurs primaire et secondaire, on compte respectivement 2,58 % et 21,27 % d'hommes. Les femmes représentent 5,64 % dans le secteur primaire et 12,79 % dans le secondaire. Dans le commerce, on retrouve 44,6 % de femmes et 14,66 % d'hommes. Cette tendance se vérifie également dans la catégorie des *« Travailleurs pour compte propre »*, ainsi que dans le secteur informel où les femmes représentent 78,8 % tandis que les hommes ne sont que 75,3 %.

« Des secteurs primaire et secondaire dominés par les hommes ; des femmes majoritaires dans le tertiaire et l'informel. »

Tableau 14 : Répartition des actifs selon le secteur d'activité et le sexe (en %)

Indicateurs	Ensemble	Homme	Femme	Parité H/F
Travailleurs pour leur propre compte	32,1	15	55,9	0,3
Secteur primaire	3,86	2,58	5,64	0,5
Secteur industrie	17,72	21,27	12,79	1,7
Secteur commerce	27,17	14,66	44,57	0,3
Secteur tertiaire	51,25	61,49	37,01	1,7

Source : EESIC, 2011.

« Les enquêtes ECOM 2 et EESIC II conduites en 2011 font état des disparités concernant la répartition des hommes et des femmes dans les secteurs clés de la stratégie de diversification de l'économie. »

« Les femmes sont en revanche majoritaires dans les secteurs identifiés comme prioritaires par le gouvernement pour transformer l'économie. »

PARTIE II : LES REPRÉSENTATIONS RELATIVES AU LIEN ENTRE GENRE ET DÉVELOPPEMENT AU CONGO

L'analyse des discours de l'enquête conduite par la Fondation SOUNGA permet de se rendre compte que la notion de *« Genre »* est un concept qui, dans l'opinion communément partagée par les personnes interrogées, relève davantage d'un sociolecte spécialisé plutôt que d'un langage naturel et socialement intégré dans la vie quotidienne. Or, depuis plus d'une décennie, sous l'impulsion des pouvoirs publics, le débat sur la question de *« genre »* n'est pas un tabou au Congo. Ce thème est régulièrement évoqué par les différents médias : dans les colonnes de la presse écrite, les émissions de télévision ou les programmes radiodiffusés. Outre ces organes de presse dont l'action vise à vulgariser cette thématique auprès des populations, il existe au sein de l'État toute une série d'entités dédiées à la promotion de la femme parmi lesquelles on peut mentionner un département au sein du cabinet du Président de la République et le ministère de la Promotion de la femme. Si l'intérêt du pouvoir exécutif congolais pour la question de la femme est manifeste, les populations semblent moins préoccupées par la condition de la femme en dépit du rôle majeur que cette dernière est susceptible de jouer dans l'accès du pays au développement.

« Le genre est perçu comme un sociolecte, comme en témoigne l'étude menée sur l'ensemble du territoire auprès de 117 femmes dans 8 localités. »

Il est question dans cette seconde partie de rendre compte des résultats des groupes de discussions qui ont réuni 117 femmes issues de 8 localités différentes. L'objectif de l'enquête ainsi conduite porte sur la perception de la relation entre le genre et le développement au Congo. Les échanges qui ont eu lieu au cours de l'enquête ont parfois donné lieu aux réponses tantôt verbalisées ou au langage corporel (acquiescement, hochement de la tête…). Le contenu des résultats de cette enquête se trouve en annexe sous la forme d'un tableau synthétique.

CHAPITRE I
LA PERCEPTION DES INÉGALITÉS HOMMES-FEMMES DANS LE PROCESSUS DE DÉVELOPPEMENT DU CONGO

1- La perception de la place de la femme congolaise dans le développement du pays

Parmi les 117 femmes qui ont participé aux *focus groups*, 62 d'entre elles, soit 52 %, estiment que les femmes sont toujours en marge du développement en République du Congo. Cette perception découle principalement de la division sociale qui existe au Congo et dans beaucoup d'autres pays du monde. Selon cette division, la femme est confinée à l'espace privé ou domestique, tandis que l'homme a l'apanage de l'espace public. L'existence de cette division est si prégnante qu'elle est reconnue par 30 % des femmes interrogées qui ont confirmé que *« la place d'une bonne femme se trouve dans le foyer »*. À ce sujet, Madame Likambo soutient : *« Pour moi, les femmes au foyer sont des mères ! Nous remplaçons les mamans, les sœurs de nos époux. Donc la femme a tous les rôles dans la maison. Quand le mari est absent, c'est la femme qui fait tout, que ce soit pour prendre des décisions concernant les enfants ou tout ce qui concerne la maison. Elle aide les enfants dans l'apprentissage des leçons, dans leurs exercices »*. Ce point de vue a été étayé par le fait qu'il découle de la culture et des préceptes religieux.

Si certaines femmes considèrent que leur rôle social fondamental est d'abord dans l'espace domestique, elles considèrent tout de même le travail (dans l'espace public), comme un atout indispensable pour la vie conjugale. En effet, grâce à leur emploi et aux revenus qu'il génère, elles peuvent mieux assumer les tâches qui sont les leurs dans le domaine privé. Le travail leur donne accès à une certaine autonomie financière qui leur permet de prendre en charge, le cas échéant, les dépenses de santé, d'éducation ou de formation des membres de leur ménage. Le travail représente, par conséquent, pour de nombreuses femmes, un moyen d'augmenter leur contribution au sein du foyer, pouvant améliorer fortement leur image auprès de leurs époux.

La majorité des femmes (environ 51 %), ayant participé aux *focus groups,* considère que *« la femme doit travailler ».* Ce point de vue paraît être une évidence pour celles qui se sont exprimées. On remarque notamment que cette opinion est plus répandue chez les femmes des zones urbaines, à l'instar de Brazzaville ou de Pointe-Noire, comme l'illustre de façon éloquente ce propos de Michelle qui a pris part au *focus group* de Brazzaville : *« au foyer, la femme est plus respectée lorsqu'elle à un bon emploi, sinon elle reste ménagère et soumise ».* Petula, enseignante, déclare quant à elle que : *« la femme qui apporte quelque chose a plus de considération que celle qui n'apporte rien ».* Les propos de Juvencia, du groupe de discussions de Dolisie, convergent avec ce qui précède lorsqu'elle affirme notamment : *« qu'au foyer, la femme est mieux respectée selon son statut culturel, son niveau d'études ».*

« Les Congolaises sont conscientes que le rôle qui leur est assigné par la société se trouve au sein du foyer. La majorité d'entre elles revendique, en revanche, la nécessité de travailler afin d'obtenir plus de considération de la part de leur conjoint. »

L'observation des statistiques relatives à l'accès des femmes au marché du travail évoquées dans les chapitres précédents a mis en exergue le fait qu'elles sont plus vulnérables que les hommes. En effet, les femmes sont plus nombreuses parmi les chômeurs et, lorsqu'elles trouvent un emploi, elles ont plus de difficultés que les hommes à mener une carrière évolutive. Bien qu'elles possèdent parfois un niveau d'instruction similaire à celui des hommes, elles demeurent confinées à des rôles comparses dans lesquels elles subissent souvent des traitements inégaux, notamment en ce qui concerne l'accès à des postes de décision. La raison de cette injustice semble se trouver dans la capacité de procréer des femmes. C'est en tout cas le point de vue défendu par Béatrice, qui exerce le métier d'infirmière, selon qui : *« quand les hommes et les femmes vont chercher du travail, les hommes ont plus de chances d'obtenir ce travail parce qu'on se dit que les femmes ne viendront plus lorsqu'elles vont accoucher. »*

À l'image de ce que révèlent les différentes études quantitatives (ECOM, EDS, EESIC), sur lesquelles nous nous sommes appuyés (sous-section 1.4), les femmes congolaises sont majoritaires (72 %), dans la catégorie socio-professionnelle des *« Travailleurs pour compte propre »*, tout comme dans le secteur informel (78,8 %), dans lesquels elles s'adonnent principalement à des activités de commerce (44,57 %). Le secteur informel (cf. Tableau 6) semble être celui dans lequel les femmes congolaises parviennent à aller à rebours de ce à quoi la société les destine. En effet, celles qui y travaillent arrivent à obtenir des revenus supérieurs à ceux des hommes. Très concrètement, dans le secteur privé informel, la rémunération moyenne des femmes s'élève à 759,4 FCFA/heure tandis que celle des hommes est de 628,3 FCFA/heure. Cette tendance reste exceptionnelle, car elle se situe aux antipodes de ce que l'on peut constater dans l'ensemble des autres secteurs de l'économie.

« L'enquête conduite par la Fondation SOUNGA a permis d'observer que le secteur informel est le plus attractif pour les femmes, du fait des revenus substantiels auxquels elles ont accès. »

Travailler au sein du secteur informel recèle plusieurs avantages pour les femmes. Tout d'abord, elles peuvent intervenir dans l'effort de développement du Congo. Ensuite, elles se dotent, grâce aux revenus de leur activité, d'un solide levier qui leur permet d'assumer efficacement leurs responsabilités au sein des ménages au point de progressivement s'affirmer comme de réels partenaires pour leurs époux ou conjoints.

2- La perception des causes possibles de l'inégalité de genre au Congo

60 % des femmes *interviewées* estiment que leur marginalisation au sein de la société découle du fait que les hommes se perçoivent comme leur étant supérieurs. Autrement dit, les femmes estiment que la place subalterne qui leur est concédée au sein des foyers ou dans la vie publique a pour origine l'idée qu'elles sont inférieures aux hommes. Ce sentiment de supériorité masculine est partagé par 28 % des hommes *interviewés*. Selon ces derniers, cette supériorité, perçue comme *« naturelle »*, est justifiée par le fait qu'ils sont physiquement plus forts que les femmes ; et selon eux, elle est reconnue par la culture qui leur a par conséquent accordé le pouvoir de *« chef de famille »* (cf. Graphique 4).

Toutefois, il convient de relever que 17 % des enquêtés de sexe féminin, estiment que les femmes se sont autoassigné un rôle inférieur ou de *« cadette sociale »* dans le développement de leur pays. En somme, elles se sont de facto assigné une position marginale au sein de la société dans laquelle elles évoluent. Il est également intéressant de constater (Graphique 5), que pour certaines d'entre elles (15 %), le dogme de la religion explique cette supériorité masculine à partir d'arguments tirés des textes bibliques ou coraniques, recommandant une soumission de la femme à l'égard de l'homme[38], tout en étant *« une aide semblable »* à ce dernier.

Graphique 4 : L'origine perçue de la supériorité des hommes sur les femmes

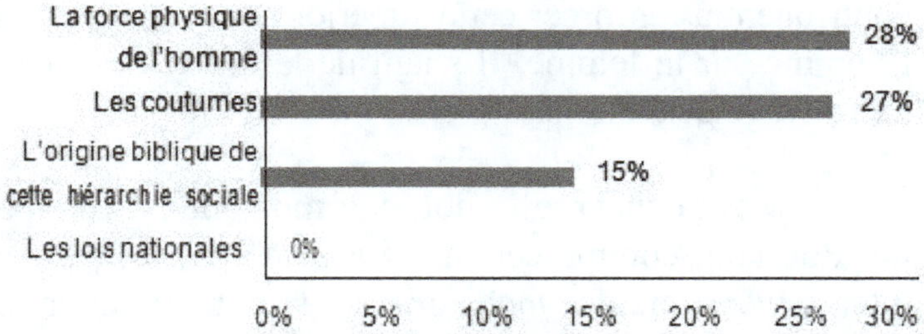

Source : D'après les données de l'enquête de la Fondation SOUNGA.

Le Code congolais de la famille semble s'inscrire dans le sillage de cette justification religieuse de l'infériorité des femmes. En effet, son article 168 définit la femme comme une *« aide pour son époux »* et stipule notamment

---

[38] Parmi les passages bibliques les plus emblématiques justifiant la position inférieure des femmes à l'égard des hommes, on peut notamment mentionner Genèse 2 :18 ; Colossiens 3 : 18 ; Ephésiens 5 : 21-22 et 23.

que : *« le mari est chef de la famille. Il exerce cette fonction dans l'intérêt commun du mariage et des enfants. La femme concourt avec le mari à assurer la direction morale et matérielle de la famille (...). La femme remplace le mari dans sa fonction de chef de famille s'il est hors d'état de manifester sa volonté, en raison de son incapacité, de son absence, de son éloignement ou s'il abandonne volontairement la vie commune, ou pour toute autre cause ».*

« L'assujettissement de la femme dans la société est justifié par plusieurs arguments d'ordre naturel, culturel et religieux qui coïncident avec une auto-marginalisation d'une minorité d'entre elles. »

Par ailleurs, au Congo comme dans de nombreux pays africains, deux pratiques culturelles prévalent encore et contribuent à renforcer cette supériorité sociale conférée à l'homme sur la femme. Il s'agit de la dot et des rites liés au veuvage des femmes.

En ce qui concerne la dot, son montant est fixé par la loi. Pourtant, comme cela a été affirmé par les personnes interviewées lors des *focus groups*, la plupart des familles congolaises exigent des cadeaux (de l'argent ou des biens rares), beaucoup plus élevés que ce que prévoit la loi. Certaines familles exigent des millions de francs CFA, en supplément des quelques objets de luxe et de nombreux autres présents que le prétendant se doit d'offrir à ses futurs beaux-parents, oncles, ou frères et sœurs de la mariée. Pour les femmes interrogées, cette pratique s'apparente à une véritable négociation mercantile et véhicule l'idée selon laquelle l'homme *« achète sa femme »*.

Les propos de Kissama, mère au foyer, illustrent de façon éloquente cette opinion lorsqu'elle affirme que : *« la dot confère à la femme le rôle d'esclave du mari et de sa belle-famille. Dans certaines familles, la dot c'est comme vendre son enfant. Lorsqu'ils font la liste des biens que l'on demande, l'argent qu'on demande, vraiment c'est comme si on vendait la personne ».*

Graphique 5 : Les raisons perçues de l'inégalité hommes-femmes due aux coutumes

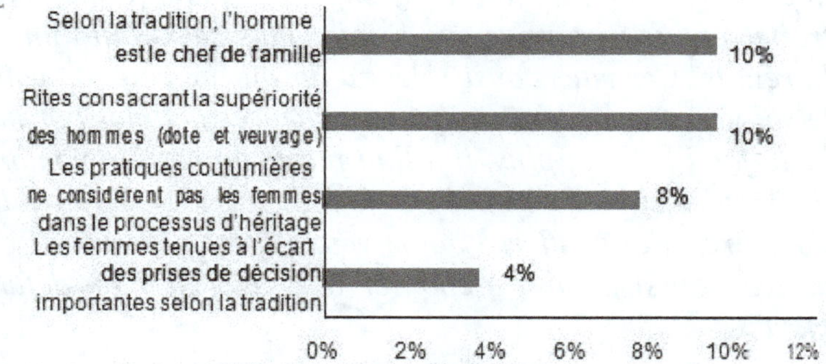

Source : D'après les données de l'enquête de la Fondation SOUNGA, 2016.

Si ce qui précède illustre la façon dont la femme est infériorisée au cours de la dot, il se trouve que le veuvage s'inscrit dans le même sillage. En dépit du fait que l'article 881 du Code de la famille congolais interdit les sévices corporels infligés à une veuve, les rites liés au veuvage continuent de représenter une épreuve difficile pour les femmes, comme le reconnaissent celles qui ont participé aux groupes de discussions. Henriette, directrice d'un établissement scolaire, soulignait ainsi que : *« les veuves sont plus maltraitées que les veufs, en ce sens que la femme vit avec le deuil pendant des années, alors que l'homme ne dépasse pas 45 jours ».*

La majorité des femmes ayant pris part aux discussions s'accorde à dire que, dans cette situation, les belles-familles accusent souvent la veuve comme étant à l'origine de la mort de son époux. Ce type d'accusations persiste souvent en dépit de l'existence des preuves rationnelles et scientifiques avérées. Il en résulte une certaine violence verbale et physique envers la veuve. Le témoignage de Fernande est édifiant à ce sujet.

Elle confie sa situation en ces termes : *« quand mon mari est décédé, j'étais enceinte de huit mois et je croyais que, compte tenu du fait que j'étais presque à terme, mon traitement ne serait pas aussi rude, mais cela était loin de la réalité. Ces rites consistaient à dormir de côté, à même le sol, à manger et boire l'eau aux heures définies par ma belle-famille... En plus, il fallait payer un certain nombre d'amendes auprès de ma belle-famille au nom de la tradition. Bref, j'ai souffert ! Je ne veux plus y penser, car on m'avait aussi imposé d'épouser le cousin de mon défunt mari ».*

Les résultats de l'enquête réalisée en 2013 par le CRIDF sur *« Les conditions de veuvage et la connaissance des droits par les veuves »,* menée dans les arrondissements de Bacongo, Moungali et Talangaï, coïncident avec ce qui précède. En effet, d'après cette enquête du CRIDF, 122 des 301 veuves interrogées (soit une proportion de 40,5 %) ont subi des maltraitances dès l'annonce du décès de leur époux pour répondre aux exigences coutumières. Parmi ces exigences figurent des privations de repas, des sévices corporels, l'interdiction d'accès à la chambre conjugale et des injures. La même enquête indique que plus de 206 veuves (66,8 %) ont affirmé que lors de la veillée funèbre, elles ont dû se soumettre à des exigences diverses telles que : pleurer de façon ininterrompue, garder la tête baissée, dormir à même le sol ou sur une natte, être privée de nourriture et d'eau...

Parmi les femmes rencontrées lors de cette enquête, 67,8 % d'entre elles affirment avoir subi des exactions après l'inhumation de leur défunt époux. Parmi ces dernières, nous comptons le bain de purification, le rasage de la tête et des parties intimes, la privation du droit des mouvements dans la maison ou encore l'obligation de se coucher à même le sol. Les résultats de cette enquête ont également permis d'observer que 76,1 % des veuves ont décliné la proposition de leur belle-famille de se marier avec le frère, le neveu ou un autre membre de la famille du défunt, 23,3 % d'entre elles ont en revanche accepté cette proposition. Elles ont justifié l'acceptation de cette proposition par la nécessité de protéger leurs enfants et la peur de perdre le logement conjugal.

« La dot et le veuvage constituent deux moments symboliques, au cours desquels l'infériorité sociale des femmes est manifeste. »

3- La supériorité des hommes perçue par les femmes

D'après les femmes *interviewées*, les hommes manifestent leur supériorité supposée par la violence physique ou psychologique contre laquelle elles n'ont pas d'alternative. Durant les *focus groups,* elles ont exprimé leur opinion (Graphique 6) concernant les pratiques de harcèlement sexuel (45 %), de violences conjugales (28 %), ou de comportement irresponsable du conjoint (27 %), dont elles sont victimes.

Graphique 6 : Les manifestations de la supériorité des hommes ressenties par les femmes

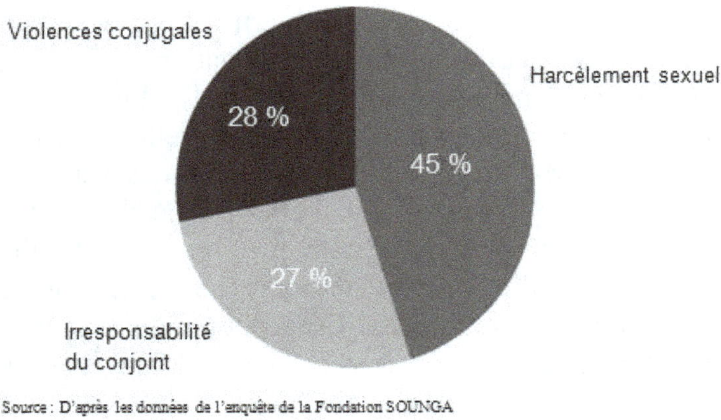

Source : D'après les données de l'enquête de la Fondation SOUNGA

« Les Congolaises sont les victimes des violences physiques et psychologiques récurrentes perpétrées par leurs époux selon la moitié des femmes interviewées par la Fondation SOUNGA. »

CHAPITRE II
LES ATTENTES DES FEMMES POUR UNE RELATION DE GENRE CONGRUENTE AVEC LES EXIGENCES DU DÉVELOPPEMENT DU CONGO

L'ensemble des opinions recueillies durant les *focus groups* indique une volonté d'autonomisation des femmes. Les participantes à l'enquête menée par la Fondation SOUNGA (Graphique 7) sont en faveur d'une autonomisation qui se construit autour de deux idées centrales : l'éducation de base des jeunes filles et la formation des femmes, ainsi que l'accès aux financements afin de faciliter la création ou le développement d'activités économiques.

Graphique 7 : Les principaux moyens perçus comme étant susceptibles d'améliorer l'autonomisation des femmes

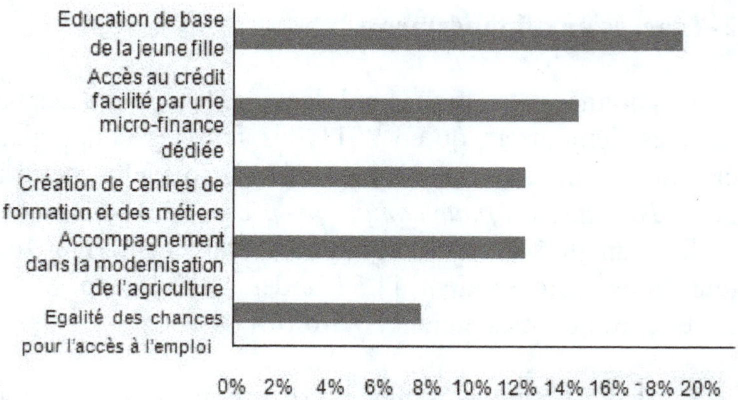

Source : D'après les données de l'enquête de la Fondation SOUNGA, 2016.

1- L'éducation de base des jeunes filles et la formation des femmes

Il ressort de l'enquête qui a été conduite par la Fondation SOUNGA que l'éducation et la formation constituent des leviers indispensables pour l'amélioration du rôle social de la femme. L'accès au savoir et au savoir-faire que favorisent ces leviers est susceptible de permettre à la femme d'occuper des fonctions à responsabilités dans la vie publique ou de jouer un rôle important pour le développement du pays, quel que soit son domaine d'activité. Toutefois, l'insuffisance des infrastructures éducatives constitue un obstacle pour l'accroissement du nombre de femmes formées. Dès lors, il paraît opportun de multiplier de telles structures pour pallier cette insuffisance comme le préconisent certaines des personnes *interviewées*.

« L'éducation des femmes et l'accès à la formation professionnelle constituent les piliers de l'autonomisation. »

2- L'accès aux financements

Les données statistiques qui découlent des enquêtes nationales démontrent qu'en 2011, les femmes congolaises étaient plus nombreuses à appartenir à la fois à la catégorie des *« Travailleurs pour compte propre »* (72,2 %) et à travailler dans le secteur du commerce. Dans ce dernier secteur, elles représentaient 44,57 % des actifs occupés, tandis que les hommes étaient environ 14 %.

La majorité de ces femmes *'Travailleuses pour compte propre'* (soit 78 %) exerce dans le secteur informel. Le contexte économique congolais est difficile, avec près de 45 % de la population qui vit sous le seuil de pauvreté, si on se réfère aux chiffres de l'année 2012. Accéder aux financements pour initier une activité économique paraît dès lors fort opportun, comme le souhaitent les femmes ayant pris part aux *focus groups*. Un tel financement permettra par exemple aux agricultrices rencontrées d'envisager de s'équiper d'outils et d'engins adéquats pour exploiter de façon efficace de plus grandes surfaces cultivables. À cet effet, Mouandza qui exerce le métier d'enseignante soutenait durant les échanges que : *« ce serait bien que le gouvernement nous aide à faire de l'agriculture, non pas artisanale, mais mécanisée ».*

« Le financement des activités des femmes contribuerait de manière significative à la diversification de l'économie nationale. La majorité des femmes exerce une activité dans les secteurs les plus susceptibles de résorber la dépendance congolaise à l'égard des matières premières. »

Conclusion

Les différentes enquêtes conduites par les autorités congolaises, en 2011, ont permis de mettre en exergue les profondes inégalités qui existent entre les hommes et les femmes sous le prisme des principaux *« nœuds de développement »* du Congo. Les femmes occupent encore une place marginale dans le processus de renforcement du capital humain, dans la gestion des affaires publiques et surtout dans la diversification de l'économie, pourtant, elles représentent près de 52 % de la population congolaise. L'enquête conduite par la Fondation SOUNGA, en décembre 2015, dans huit localités du pays (Brazzaville, Pointe-Noire, Ignié, Gamboma, Obouya-Makoua, Madingou, Sibiti et Dolisie) révèle à travers les données recueillies que les femmes sont conscientes de la place marginale qui leur est concédée dans le développement du Congo. Elles aspirent pourtant à travailler et à être actives, afin de jouer un rôle prépondérant, aussi bien au sein de leur foyer que dans la société. Pour ce faire, elles préconisent de nombreuses recommandations parmi lesquelles deux paraissent majeures. Il s'agit d'une part du renforcement de l'éducation et de la formation professionnelle pour toutes les filles et les femmes congolaises. D'autre part, un meilleur accès aux financements est indispensable pour soutenir leurs activités notamment dans le secteur agricole.

Le rapprochement des données quantitatives (statistiques sur l'état de l'égalité des genres) et qualitatives (représentations des femmes au sein des *« focus groups »*) dans la relation entre genre et développement démontre bien l'impact positif que l'amélioration des relations de genre peut avoir sur le développement du Congo. Afin d'atteindre un tel résultat, il est indispensable que la parité en matière de genre occupe une place centrale dans la déclinaison congolaise du cadre conceptuel de développement proposé par la Banque Mondiale. Le renforcement du caractère inclusif des politiques de développement pourra ainsi permettre la mise en place des mécanismes institutionnels visant à garantir une « approche intégrée de la dimension de genre » *(gender mainstreaming).* Il s'agit concrètement, entre autres, de développer en priorité les axes suivants :

- la formulation d'une vision prospective nationale forte, garantissant la réduction des inégalités sociales, notamment celles existant entre les hommes et les femmes ;
- l'adoption d'une démarche de planification stratégique du développement, basée à la fois sur la réduction de la pauvreté et la réduction des inégalités de genre ;
- l'élaboration d'un cadre macroéconomique et budgétaire à moyen terme, permettant de considérer le genre comme un critère majeur d'arbitrage budgétaire et non simplement comme une ligne budgétaire à financer parmi tant d'autres ;
- la prise en compte systématique de la dimension genre dans toutes les enquêtes conduites dans l'ensemble des services publics et privés.

Toutefois, étant donné que les propositions qui précèdent induisent un changement de mentalité, il est nécessaire que les actions initiées tout au long de ce processus soient accompagnées d'une évaluation régulière. La quête du développement inclusif comprend, par définition, une participation de toutes les composantes de la société y compris des femmes. Dès lors, l'égalité hommes-femmes ne relève plus simplement de la lutte féministe, elle apparaît désormais comme une condition nécessaire pour réaliser un véritable développement au service d'une nation forte et prospère.

ANNEXES :
TABLEAUX STATISTIQUES

Tableau 15 : Indicateurs clés de l'éducation en République du Congo

Indicateurs	Homme	Femme	Ensemble
Taux d'alphabétisation adulte	90,2 %	76,8 %	83,1 %
Taux d'alphabétisation juvénile	93,0 %	88,7 %	90,7 %
Taux brut de scolarisation en primaire	119,5 %	115,9 %	117,7 %
Taux net de scolarisation en primaire	89,2 %	89,4 %	89,3 %
Taux d'accès à l'enseignement primaire	91,1 %	91,8 %	91,5 %
Taux de satisfaction en enseignement primaire	29,8 %	31,8 %	30,8 %
Taux brut de scolarisation en secondaire	83,9 %	85,2	84,5 %
Taux net de scolarisation en secondaire	59,0 %	59,2 %	59,1 %
Taux d'accès à l'enseignement secondaire	71,6 %	73,6 %	72,6 %
Taux de satisfaction en enseignement secondaire	33,7 %	33,1 %	33,4 %

Source : Deuxième Enquête Congolaise auprès des Ménages (ECOM 2), 2011.

Tableau 16 : Répartition (en %) des femmes qui ont avorté au moins une fois depuis 2006 selon le type de personne qui les a poussées ou forcées à subir leur avortement, selon les quintiles de bien-être économique, Congo, 2011

	L'enquêtée a été poussée/ forcée à avorter par :					
Le plus pauvre	75,7	10	3,7	10,6	100	111
Second	78,9	13,6	2,6	4,9	100	252
Moyen	79,9	14,1	0,3	5,6	100	341
Quatrième	71,2	16,3	4,2	8,2	100	340
Le plus riche	76,6	13,2	0,7	9,5	100	367
Ensemble	76,4	14	2	7,5	100	1 411

Source : Enquête démographique et de santé 2005, CNSEE.

Tableau 17 : Répartition (en %) des femmes en fonction des quintiles de bien-être économique selon les problèmes d'accès aux soins de santé

Quintiles de bien-être économique	Problèmes d'accès aux soins de santé					
	Avoir la permission d'aller se faire soigner	Avoir l'argent pour le traitement	Distance au service de santé	Ne pas vouloir y aller seule	Au moins un des problèmes cités	Effectif des femmes
Le plus pauvre	51,4	79,3	60,9	46,4	85,1	1 810
Second	47,5	70,7	46,7	36,5	76,7	2 118
Moyen	40,2	63,4	35,4	23,7	72,1	2 235
Quatrième	46,9	62,8	37	28,9	71,2	2 349
Le plus riche	40,4	52,2	26,1	22,6	62	2 307
Ensemble	45,0	65,0	40,2	30,9	72,8	10 819

Source : Enquête Démographique et de Santé 2005, CNSEE.

Quintiles de bien-être économique	Problèmes d'accès aux soins de santé					
	Avoir la permission d'aller se faire soigner	Avoir l'argent pour le traitement	Distance au service de santé	Ne pas vouloir y aller seule	Au moins un des problèmes cités	Effectif des femmes
Le plus pauvre	51,4	79,3	60,9	46,4	85,1	1 810
Second	47,5	70,7	46,7	36,5	76,7	2 118
Moyen	40,2	63,4	35,4	23,7	72,1	2 235
Quatrième	46,9	62,8	37	28,9	71,2	2 349
Le plus riche	40,4	52,2	26,1	22,6	62	2 307
Ensemble	45,0	65,0	40,2	30,9	72,8	10 819

Source : Enquête Démographique et de Santé 2005, CNSEE.

Tableau 18 : Revenu moyen annuel des ménages par adulte en 2005

Sexe du chef de ménage	Part (%) du revenu total	Dépenses moyennes des ménages par adulte suivant les quartiles (2005)				
		1er quartile	2e quartile	3e quartile	4e quartile	Ensemble
Masculin	82,2	149 223	279 018	442 155	1 016 614	411 511
Féminin	17,8	137 516	286 221	439 840	990 013	369 343

Source : INS, Enquête Congolaise auprès des Ménages (ECOM), 2005.

Tableau 19 : Revenu moyen annuel des ménages par équivalent adulte en 2011

Sexe du chef de ménage	Part (%) du revenu total	Dépenses moyennes des ménages par adulte suivant les quartiles (2011)				
		1er quartile	2e quartile	3e quartile	4e quartile	Ensemble
Masculin	85,5	176 003	314 422	482 067	1 038 950	569 419
Féminin	14,5	171 906	316 287	478 481	1 136 063	623 951

Source : Enquête Congolaise auprès des Ménages (ECOM), 2011.

Tableau 20 : Quelques statistiques sur les conditions de vie des ménages en 2005 et 2011

	2011									
	Pauvres			Non pauvres			Ensemble			
	H	F	En-semble	H	F	En-semble	H	F	En-semble	Parité H/F
Propriétaires de logement occupé	65	60,8	64	39,9	47,3	41,8	49,5	52,1	50,2	0,95
Accès à l'eau potable	39,1	39,5	39,2	73,2	70,7	72,6	60,1	59,7	60	1,01
Accès à l'électricité par abonnement	18	18,1	18	54,3	46,8	52,3	40,4	36,6	39,5	1,1
Occupant des logements (murs matériaux solides)	46,7	47,5	46,7	67,4	64	66,5	59,5	58,2	59,1	1,02
Occupant des logements (sols matériaux solides	42,1	36,1	40,7	80,4	75,6	79,2	65,8	61,6	64,7	1,07
Occupant des logements (toit matériaux solides)	73,6	76,1	74,2	93,5	92,5	93,2	85,9	86,7	86,1	0,99
Logement sans toilettes	15	20	16,2	4,3	6,5	4,9	8,4	11,3	9,1	0,74
Service de ramassage organisé des déchets	8	11,6	8,9	31	29	30,4	22,2	22,8	22,3	0,97
Dispose d'un téléviseur	23,2	14,5	21,1	66,2	49,1	61,7	49,7	36,7	46,4	1,35
Dispose d'un téléphone mobile	73,6	55,2	69,2	91,7	81,2	88,9	84,7	71,8	81,4	1,18
Dispose d'un matelas ou d'un lit	92,5	85,4	90,8	96,7	95,7	96,4	95,1	92	94,3	1,03
Dispose de fauteuils modernes	17,1	9,9	15,4	49,5	30,9	44,7	37,1	23,5	33,7	1,58
Possède un véhicule	0,7	0,3	0,6	4,2	0,8	3,3	2,8	0,6	2,3	4,67
Possède des terres	49,7	44,8	48,5	0	21,3	19	30,2	29,6	30,1	1,02
Possède du gros bétail	7	3,4	6,1	3,2	1,7	2,8	4,6	2,3	4,1	2

Tableau 20 (suite) : Quelques statistiques sur les conditions de vie des ménages en 2005 et 2011

	2011									
	Pauvres			Non pauvres			Ensemble			
	H	F	Ensemble	H	F	Ensemble	H	F	Ensemble	Parité H/F
Propriétaires de logement occupé	65	60,8	64	39,9	47,3	41,8	49,5	52,1	50,2	0,95
Accès à l'eau potable	39,1	39,5	39,2	73,2	70,7	72,6	60,1	59,7	60	1,01
Accès à l'électricité par abonnement	18	18,1	18	54,3	46,8	52,3	40,4	36,6	39,5	1,1
Occupant des logements (murs matériaux solides)	46,7	47,5	46,7	67,4	64	66,5	59,5	58,2	59,1	1,02
Occupant des logements (sols matériaux solides	42,1	36,1	40,7	80,4	75,6	79,2	65,8	61,6	64,7	1,07
Occupant des logements (toit matériaux solides)	73,6	76,1	74,2	93,5	92,5	93,2	85,9	86,7	86,1	0,99
Logement sans toilettes	15	20	16,2	4,3	6,5	4,9	8,4	11,3	9,1	0,74
Service de ramassage organisé des déchets	8	11,6	8,9	31	29	30,4	22,2	22,8	22,3	0,97
Dispose d'un téléviseur	23,2	14,5	21,1	66,2	49,1	61,7	49,7	36,7	46,4	1,35
Dispose d'un téléphone mobile	73,6	55,2	69,2	91,7	81,2	88,9	84,7	71,8	81,4	1,18
Dispose d'un matelas ou d'un lit	92,5	85,4	90,8	96,7	95,7	96,4	95,1	92	94,3	1,03
Dispose de fauteuils modernes	17,1	9,9	15,4	49,5	30,9	44,7	37,1	23,5	33,7	1,58
Possède un véhicule	0,7	0,3	0,6	4,2	0,8	3,3	2,8	0,6	2,3	4,67
Possède des terres	49,7	44,8	48,5	0	21,3	19	30,2	29,6	30,1	1,02
Possède du gros bétail	7	3,4	6,1	3,2	1,7	2,8	4,8	2,3	4,1	2

Tableau 21 : Quelques statistiques sur le marché de l'emploi

Indicateurs	Ensemble	Homme	Femme	Parité (H/F)
Taux d'activité	45,1	54,5	36,6	1,5
Taux d'emploi	40,1	48,9	32	1,5
Taux d'occupation	88,8	89,8	87,5	1,0
Taux de chômage	11,2	10,2	12,5	0,8
Secteur public	7,8	11,4	4,5	2,5
Secteur privé formel	15,1	13,4	16,7	0,8
Secteur informel	77,1	75,3	78,8	1,0
Salariés	54,2	71,1	30,6	2,3
Employeurs	6,3	8	4	2,0
Travailleurs pour leur propre compte	32,1	15	55,9	0,3
Secteur primaire	3,86	2,58	5,64	0,5
Secteur industrie	17,72	21,27	12,79	1,7
Secteur commerce	27,17	14,66	44,57	0,3
Secteur primaire	51,25	61,49	37,01	1,7
Rémunération horaire moyenne	796,3	880,2	668,1	1,3
Rémunération horaire moyenne dans le secteur public	1 312,5	1 442,7	1 053,2	1,4
Rémunération horaire moyenne dans le secteur privé formel	617,0	776,1	482,8	1,6
Rémunération horaire moyenne dans le secteur informel	665,0	628,3	759,4	0,8
En situation de sous-emploi	29,6	24,3	37,8	0,6
En situation de sous-emploi dans le secteur public	45,5	37,4	61,7	0,6
En situation de sous-emploi dans le secteur privé formel	22,7	15,7	28,6	0,5
En situation de sous-emploi dans le secteur informel	27,0	22,4	38,7	0,6

Source : Enquête sur l'emploi et le secteur informel au Congo, 2011

Tableau 22 : Structure globale des représentations au sujet de la relation de genre et développement en fonction des localités visitées

Structures globales des représentations	Localités								
	Brazzaville	Pointe-Noire	Ignié	Gamboma	Obouya-Makoua	Madingou	Sibiti	Dolisie	TOTAL
Quelle est la place de la femme dans la société congolaise ?									
Pas de réponses	4	3	0	0	3	4	2	7	23
La femme doit travailler	13	13	6	3	13	3	8	1	60
La femme doit rester au foyer	3	7	3	8	5	5	3	2	36
TOTAL	20	23	9	11	21	12	13	10	117
Comment s'établissent les rapports d'égalité entre l'homme et la femme au Congo ?									
Pas de réponses	3	4	3	1	0	6	3	0	20
L'homme est supérieur à la femme	12	17	5	8	7	5	7	9	70
L'homme et la femme sont égaux	6	2	1	2	3	1	3	1	19
L'homme est inférieur à la femme	0	0	0	0	0	0	0	0	0
TOTAL	20	23	9	11	21	12	13	10	117
Comment se sentent les femmes dans le processus de développement du Congo ?									
Pas de réponses	1	4	2	1	3	2	1	3	18
Les femmes sont intégrées au développement	6	7	2	2	2	3	2	2	26
Les femmes sont en marge du développement	13	12	5	6	4	7	10	5	62
TOTAL	20	23	9	9	20	12	13	10	117

Tableau 22 (suite) : Structure globale des représentations au sujet de la relation de genre et développement en fonction des localités visitées

Structures globales des représentations	Localités								TOTAL
	Brazzaville	Pointe-Noire	Ignié	Gamboma	Obouya-Makoua	Madingou	Sibiti	Dolisie	
Quels sont les principales raisons qui empêchent les femmes de jouer un rôle aussi prépondérant que les hommes dans le processus de développement du Congo ?									
Pas de réponses	2	3	0	0	3	2	3	1	14
Le poids de la tradition	4	8	3	3	5	3	4	3	32
Le complexe de supériorité des hommes	5	10	0	3	4	6	6	6	40
Le comportement des femmes elles-mêmes	9	0	5	3	9	2	0	0	19
TOTAL	20	23	9	9	21	12	13	10	117
Quelles sont les attentes des femmes dans la construction d'une meilleure relation de genre et développement au Congo ?									
Pas de réponses	0	3	0	0	0	2	4	3	12
L'application rigoureuse des lois prises en faveur des femmes	12	9	3	4	8	3	2	0	41
L'autonomisation	8	11	6	5	13	7	7	7	64
TOTAL	20	23	9	9	21	12	13	10	117

Tableau 23 : Structure des réponses exprimées relatives aux attentes des femmes pour une participation plus active de celles-ci dans le processus de développement

	Brazzaville	Pointe Noire	Ignié	Gamboma	Obouya-Makoua	Madingou	Sibiti	Dolisie	TOTAL
Accès au crédit facilité par une micro-finance dédiée	2	1	2	2	2	1	2	2	14
Création de centres de fomation et des métiers	3	1	1	2	2		2	1	12
Education de base de la jeune fille	8	4	1	1	1	2	1		18
Accompagnement dans la modernisation de l'agriculture	1	4	1		2	2	1	1	12
Egalité des chances pour l'accès à un emploi	3	1	1		1		1	1	8
TOTAL	17	11	6	5	8	5	7	5	64

Tableau 24 : Structure des réponses relatives aux manifestations du complexe de supériorité des hommes

	Brazzaville	Pointe Noire	Ignié	Gamboma	Obouya-Makoua	Madingou	Sibiti	Dolisie	TOTAL
Irresponsabilité du conjoint	2	3		1	1	1	2	1	11
Violences conjugales	1	2	1		3	2	1	1	11
Harcèlement sexuel	2	5	1	2	1	3	2	2	18
TOTAL	5	10	2	3	5	6	5	4	40

Tableau 25 : structure des réponses exprimées au sujet de l'origine éventuelle de la supériorité des hommes sur les femmes

	Brazzaville	Pointe Noire	Ignié	Gamboma	Obouya-Makoua	Madingou	Sibiti	Dolisie	TOTAL
La force physique de l'homme	6	8	2	3	1	3	2	3	28
L'origine biblique de cette hiérarchie sociale	4	3	1	1	3		2	1	15
Les coutumes locales	2	6	2	4	3	2	3	5	27
Les lois nationales									0
TOTAL	12	17	5	8	7	5	7	9	70

Tableau 26 : Structure des réponses relatives aux principales raisons identifiées dans les coutumes locales expliquant la supériorité masculine

	Brazzaville	Pointe Noire	Ignié	Gamboma	Obouya-Makoua	Madingou	Sibiti	Dolisie	TOTAL
Les femmes tenues à l'écart des prises de décision importantes selon la tradition	1			1	1		1		4
Les pratiques coutumières ne considèrent pas les femmes dans le processus d'héritage	1	1	2	1	1	1		1	8
Selon la tradition, l'homme est le chef de la famille	1	3	1	1			2	2	10
Rites consacrant la supériorité des hommes (la dot et le veuvage)	2	4		2	1	1			10
TOTAL	5	8	3	5	3	2	3	3	32

Bibliographie

Ouvrages

1. Durkheim, Émile, *Le Suicide,* Étude sociologique.

2. Gambier Yves dir , *Discours professionnels en français*, Nordeuropäische Beiträge aus den Human und Gesellschaftswissenschaften Bd., 16, Frankfurt am Main, Peter Lang GmbH.

3. Ghiglione et Trognon , *Où va la pragmatique ? · de la pragmatique à la psychologie sociale*, *Vies sociales*, 7, Presses universitaires de Grenoble.

4. Falzon, Pierre.(1984): *Les activités verbales dans le travail.*

5 Dictionnaire Hachettep

6 Oket, Alisa, *Les rites de veuvage chez les femmes congolaises : cas des femmes du groupe mbochi*, Mémoire de DEA, Option : Psychologie clinique, Université Marien Ngouabi, décembre 2014.

7 Danti Juan Michel « Discrimination » du *Dictionnaire de la justice*.

8 Balandier, Georges : *Le problème de la dot et l'organisation familiale*, Office de la recherche scientifique d'outre-mer, IEC, 1950.

9 Crocquevieille Jean. *Étude démographique de quelques villages Likouala* (Moyen-Congo). In : *Population*, 8e année, n° 3, 1953. p. 491-510

Rapport

1- Rapport du FMI n° sur le Congo

2- Lettre de cadrage économique du gouvernement du Congo

3- Rapport de la Banque Mondiale : *L'Afrique peut-elle revendiquer sa place dans le 21e siècle ?*

4- Le rapport de la Banque Mondiale a impliqué diverses institutions, notamment : la Banque africaine de développement, le Consortium pour la recherche économique en Afrique, la Coalition mondiale pour l'Afrique, la Commission économique des Nations Unies pour l'Afrique.

5- Institut national de la statistique, *Enquête congolaise auprès des ménages (ECOM), 2011.*

6- Institut national de la statistique, *Enquête congolaise auprès des ménages (ECOM),2012.*

7- Groupe de la Banque africaine de développement, Rapport sur l'indice de l'égalité du genre en Afrique, 2015

8- Rapport d'analyse du volet QUIBBECOM

Table des figures, graphiques et tableaux

Figures

Graphiques

Tableaux

Table des matières

Le Congo-Brazzaville

aux éditions L'Harmattan

Dernières parutions

MÉDIAS ET POUVOIR POLITIQUE AU CONGO BRAZZAVILLE
Des origines à nos jours
Bemba Léon
Cet ouvrage est une étude des médias de masse au Congo-Brazzaville. Il propose une enquête scientifique des rapports entre les médias et les pouvoirs politiques qui se sont succédé depuis ses origines jusqu'en 2010. Il permet de saisir la part d'influence de la presse dans la conquête de sa propre liberté dans l'élaboration d'une démocratie moderne et d'un réel débat dans la vie politique du pays.
(Coll. Études africaines, 41.00 euros, 430 p.)
ISBN : 978-2-343-04753-9, ISBN EBOOK : 978-2-336-36341-7

LIBERTÉ (LA) DE LA PRESSE AU CONGO-BRAZZAVILLE
Sogni Zaou Florent
Dans la déclaration de Windhoek du 3 mai 1991, il est dit que la création, le maintien et le renforcement d'une presse indépendante, pluraliste et libre sont indispensables au progrès et à la préservation de la démocratie dans un pays, ainsi qu'au développement économique. Le Congo est partie prenante de ces textes, et la liberté de la presse y est garantie par la loi de la presse. Seulement, le doute persiste malgré l'absence de journalistes dans les geôles congolaises.
(Coll. Harmattan Congo, 15.00 euros, 150 p.)
ISBN : 978-2-343-04261-9, ISBN EBOOK : 978-2-336-36443-8

DROIT (LE) DES PARCELLES DE TERRAIN AU CONGO (Tome 3)
L'espace foncier des personnes publiques. La constitution et la gestion des biens. L'expropriation pour cause d'utilité publique
Iloki Auguste - Avec la collaboration de Mireille Iloki Gondo
L'État, les collectivités décentralisées et les établissements publics disposent des parcelles de terrain qui constituent leur domaine foncier subdivisé en domaine public et en domaine privé. La gestion des immeubles de ces personnes publiques est fonction de leur incorporation dans le domaine public ou dans le domaine privé. L'application complexe des règles de droit privé et de la domanialité publique conduit l'auteur à préciser leur régime juridique et à éclairer les domaines respectifs de leur mise en oeuvre rationnelle.
(Coll. Études africaines, 24.50 euros, 240 p.)
ISBN : 978-2-343-04720-1, ISBN EBOOK : 978-2-336-36270-0

LIVRE D'OR DU CINQUANTENAIRE D'OYO (1963-2013)
Géographie - Histoire - Civilisation - Atouts
Ndinga Mbo Abraham Constant, Nguesso Maurice
Cette étude se veut un outil qui permettrait de mieux connaître la ville d'Oyo: le pays, les hommes à travers son histoire (ancienne et contemporaine) et sa civilisation, puis ses atouts. Elle pourrait ouvrir de grandes perspectives pour les responsables de la ville et pour sa population.
(29.00 euros, 310 p.)
ISBN : 978-2-343-05107-9, ISBN EBOOK : 978-2-336-36317-2

CONGO : TERRE DE TECHNOLOGIES
Objectif 2025
Mankou Vérone
Vérone Mankou invite les Africains à entreprendre, certain que le numérique et les nouvelles technologies vont soutenir le développement et représenter une opportunité pour le continent. Concepteur de la première tablette tactile et du premier smartphone Africain, il se lance aujourd'hui dans de nouveaux projets et une seule ambition : «faire du Congo une terre de technologies». Il veut développer chez les jeunes «l'esprit *start-up*» et l'entrepreneuriat.
(10.00 euros, 72 p.)
ISBN : 978-2-343-04958-8, ISBN EBOOK : 978-2-336-36254-0

TOUT SUR L'AC-LÉOPOARDS DE DOLISIE ou les Fauves du Niari
Nimbi Eugène - Préface de Léon Alfred Opimbat
L'AC-Léopoards de Dolisie ou les Fauves du Niari est une équipe de football qui fut créée en 1954. Sous la présidence de Remy Ayayos Ikounga, cette équipe a remporté plusieurs coupes aü Congo et a été championne d'Afrique en 2012. L'auteur restitue dans les moindres détails l'information relative à la genèse de l'équipe, à son palmarès national, aux difficultés rencontrées et aux sacrifices consentis par les dirigeants.
(Coll. Harmattan Congo, 12.00 euros, 106 p.)
ISBN : 978-2-343-04260-2, ISBN EBOOK : 978-2-336-35928-1

CONGO-BRAZZAVILLE (LE)
Climat et environnement
Samba Gaston
Cet ouvrage résume quelques travaux du professeur Dominique Nganga relatifs au climat et à l'environnement dans l'espace du Congo-Brazzaville. Un environnement bien caractéristique de ces deux climats équatorial et tropical humide et dont les effets de la variabilité climatique sont diversement perceptibles au niveau des états de surface.
(Coll. Études africaines, 16.50 euros, 168 p.)
ISBN : 978-2-343-02236-9, ISBN EBOOK : 978-2-336-35433-0

PASTORALE (LA) MILITAIRE AU CONGO-BRAZZAVILLE
Mounka Alexis
Éduquer un soldat à être honnête, à avoir le sens civique, à connaître et à pratiquer l'éthique, c'est éduquer tous ses concitoyens aux mêmes valeurs. Et ce ne sont pas

les conséquences de la «guerre civile» qui servent à justifier cette nécessité de l'ordinariat pour la Force publique congolaise, sinon un besoin réel de se doter d'une élite militaire aux valeurs morales et éthiques approuvées.
(Harmattan Congo, 11.50 euros, 80 p.)
ISBN : 978-2-343-03604-5, ISBN EBOOK : 978-2-336-35485-9

DÉBAT SUR LA CONSTITUTION DU 20 JANVIER 2002 AU CONGO
Enjeux sociaux et stratégies politiques
M'Bissa Claude-Richard
À la veille de l'élection présidentielle de 2016, poser la problématique de la modification de la Constitution sur ses aspects fondamentaux suscite évidemment une série d'interrogations. Cet ouvrage met l'accent sur les notions générales liées à une constitution et sur l'expérience congolaise au sujet des constitutions. Il contribue à la compréhension des motivations des acteurs politiques, de leurs argumentations, et surtout à saisir la position du président de la République.
(Coll. Harmattan Congo, 16.50 euros, 164 p.)
ISBN : 978-2-343-03717-2, ISBN EBOOK : 978-2-336-35297-8

QUOTIDIEN (LE) D'ANTAN À NGO AU CONGO-BRAZZAVILLE
Guebo Célestin - Préface de Gabriel Kimami
Ce livre décrit le quotidien d'antan à Ngo, au Congo-Brazzaville, marqué par diverses activités, au cours de l'enfance de l'auteur. Il s'agit bien entendu d'activités scolaires, professionnelles, agricoles, etc. Ce quotidien était aussi marqué par la présence de Ngambieli, le Pygmée, qui avait un mode de vie exceptionnel. À travers ce livre, l'auteur fait revivre les moments de joie et de peine vécus à Ngo, à son époque.
(Coll. Harmattan Congo, 10.00 euros, 62 p.)
ISBN : 978-2-343-03554-3, ISBN EBOOK : 978-2-336-35241-1

GUIDE FISCAL ET COMPTABLE DE LA TVA
Louzonzila Nakou
Ce livre est un instrument de travail pratique, qui met en exergue les principes et le schéma d'application de la TVA en indiquant particulièrement comment répondre à ces questions : Qu'est-ce que la TVA ? Pourquoi la TVA ? Qui supporte la TVA ? Comment se calcule-t-elle ? Comment devrait-on la déclarer au fisc ? Les réponses à ces questions accompagnées d'exemples pratiques permettront de connaître les intrants d'une part et les conséquences ou résultats d'autre part.
(Coll. Harmattan Congo, 23.00 euros, 236 p.)
ISBN : 978-2-343-02879-8, ISBN EBOOK : 978-2-336-35236-7

IDENTITÉ ETHNIQUE ET CONFLITS CIVILS AU CONGO-BRAZZAVILLE
Massamba-Makoumbou Jean-Serge
Cette étude prend le parti de considérer l'appartenance ethnique comme un facteur parmi d'autres dans le développement des guerres civiles africaines. Il s'agit de considérer la forte capacité de mobilisation qu'elle recèle. À ce titre, il n'existe pas de conflit ethnique par essence, mais par vocation ou par instrumentalisation. Dans ce cadre, le Congo-Brazzaville apparaît comme un

cas d'école, avec une manipulation de l'appartenance ethnique au service de la conquête du pouvoir politique et de la confiscation de l'autorité.
(Coll. Etudes africaines, 30.50 euros, 308 p.)
ISBN : 978-2-343-01013-7, ISBN EBOOK : 978-2-296-53937-2

CONVENTION (LA) DES NATIONS UNIES SUR LE CONTRAT DE TRANSPORT INTERNATIONAL DES MARCHANDISES EFFECTUÉ ENTIÈREMENT OU PARTIELLEMENT PAR MER DITE «RÈGLES DE ROTTERDAM»
Dibas-Franck Eric, Diallo Ibrahima Khalil, Banuanina Dia Ngoma Jean-Jacques
La question qui se pose au sujet de ce contrat adopté en décembre 2008 par l'Assemblée générale des Nations unies est de savoir si cette nouvelle convention va atteindre son objectif, à savoir remplacer, se substituer aux «Règles de La Haye», aux «Règles de La Haye-Visby» et aux «Règles de Hambourg». Cette convention entrera-t-elle en vigueur un jour ? Quelle est sa genèse ? Quelles sont ses forces et ses faiblesses ? Existe-t-il des questions controversées ?
(Coll. Harmattan Congo, 22.00 euros, 224 p.)
ISBN : 978-2-343-01119-6, ISBN EBOOK : 978-2-296-53875-7

RÉGLEMENTATION ET PERFORMANCE
L'enseignement supérieur privé au Congo
Koulakoumouna Etienne
Préface de Claude Albagli (Président Institut CEDIMES)
Cet ouvrage examine le rapport entre la réglementation et la performance, et montre que la qualité est la principale dimension de la performance dans toute organisation. Dans l'enseignement supérieur privé, elle passe principalement par une exigence accrue de l'amélioration de la qualité des infrastructures, des prestations du personnel enseignant ayant le profil requis, du programme d'enseignement et du management.
(CEDIMES, Coll. Mouvements Économiques et Sociaux, 19.00 euros, 184 p.)
ISBN : 978-2-296-99767-7, ISBN EBOOK : 978-2-296-53726-2

BRAZZAVILLE, CAPITALE DE LA FRANCE LIBRE
Histoire de la résistance française en Afrique (1940-1944)
Ollandet Jérôme
Comme le déclarait en 1943 le médecin-général Adolphe Sicé, «deux grands hommes auront marqué cette ville : de Brazza, auquel elle doit son nom ; de Gaulle, auquel elle doit son destin...» Ce destin d'un homme et d'une ville ne put s'accomplir conjointement qu'avec l'acceptation par l'AEF d'accompagner, dès le début des hostilités en Europe, la dissidence de la France combattante, celle de la France libre, capitale Brazzaville.
(Coll. Harmattan Congo, 27.00 euros, 278 p.)
ISBN : 978-2-343-00721-2, ISBN EBOOK : 978-2-296-53522-0

L'HARMATTAN ITALIA
Via Degli Artisti 15; 10124 Torino
harmattan.italia@gmail.com

L'HARMATTAN HONGRIE
Könyvesbolt ; Kossuth L. u. 14-16
1053 Budapest

L'HARMATTAN KINSHASA
185, avenue Nyangwe
Commune de Lingwala
Kinshasa, R.D. Congo
(00243) 998697603 ou (00243) 999229662

L'HARMATTAN CONGO
67, av. E. P. Lumumba
Bât. – Congo Pharmacie (Bib. Nat.)
BP2874 Brazzaville
harmattan.congo@yahoo.fr

L'HARMATTAN GUINÉE
Almamya Rue KA 028, en face
du restaurant Le Cèdre
OKB agency BP 3470 Conakry
(00224) 657 20 85 08 / 664 28 91 96
harmattanguinee@yahoo.fr

L'HARMATTAN MALI
Rue 73, Porte 536, Niamakoro,
Cité Unicef, Bamako
Tél. 00 (223) 20205724 / +(223) 76378082
poudiougopaul@yahoo.fr
pp.harmattan@gmail.com

L'HARMATTAN CAMEROUN
BP 11486
Face à la SNI, immeuble Don Bosco
Yaoundé
(00237) 99 76 61 66
harmattancam@yahoo.fr

L'HARMATTAN CÔTE D'IVOIRE
Résidence Karl / cité des arts
Abidjan-Cocody 03 BP 1588 Abidjan 03
(00225) 05 77 87 31
etien_nda@yahoo.fr

L'HARMATTAN BURKINA
Penou Achille Some
Ouagadougou
(+226) 70 26 88 27

L'HARMATTAN SÉNÉGAL
10 VDN en face Mermoz, après le pont de Fann
BP 45034 Dakar Fann
33 825 98 58 / 33 860 9858
senharmattan@gmail.com / senlibraire@gmail.com
www.harmattansenegal.com

L'HARMATTAN BÉNIN
ISOR-BENIN
01 BP 359 COTONOU-RP
Quartier Gbèdjromèdé,
Rue Agbélenco, Lot 1247 I
Tél : 00 229 21 32 53 79
christian_dablaka123@yahoo.fr

Achevé d'imprimer par Corlet Numérique - 14110 Condé-sur-Noireau
N° d'Imprimeur : 132402 - Dépôt légal : octobre 2016 - *Imprimé en France*

www.ingramcontent.com/pod-product-compliance
Lightning Source LLC
LaVergne TN
LVHW051358061026
849535LV00009B/3244
* 9 7 8 2 3 4 3 1 0 2 7 9 5 *